家づくりのセカンドオピニオン

安心・安全
快適な
高性能住宅を
つくる！

岡田八十彦　著

X-Knowledge

はじめに

失敗しない家づくりとは

　まずは私の自己紹介をさせてください。私は日本全国の工務店向けに、住宅の設計やコンサルティングを行う会社を経営しています。そこでのご相談事を通じて感じていることは、さまざまな情報が多いばかりに、何が本当によいのか、何を基準に選べばよいのかが分からなくなってしまっているエンドユーザーが多いということです。住宅会社は自社ごとに仕様をつくっていますが、消費者の立場で考えると「果たしてそれって正しいの？」と疑ってしまうのが本音ではないでしょうか？

　たとえば「みかん」。大きなみかんと小さなみかんが並んでいたら、大きなみかんを選択する人も多いと思います。しかし、美味しいのは小さいみかんといわれています。よく学んでから購入することで失敗が少なくなります。

小さいみかんのほうが、実が詰まっていて美味しい。
知っているのと、知らないのとでは選択が変わります。
この本の著者

　私は、25年間住宅業界で、営業・設計・現場監督を経験し、今はコンサルタントという肩書を持っていますが、実は自分の家づくりで「失敗」をしました。

　17年前に家族4人で住むための家を建てました。延べ床51坪、リビング・ダイニングは18畳と広々開放的なプランです。写真に撮れば映えますし、出来上がったときは、ドラマのワンシーンのような憧れの暮らしが実現できると思いました。もちろん耐震、断熱、気密、換気ともにこだわって建てた自慢の家でした。

　ところが実際に住み始めると、家は大きすぎるし、もっと断熱性能を上げておけばよかったと後悔することも。また、多くの人は子どもが生まれると持ち家を考えはじめますが、築後15年も経つとあちこち傷んできますし、修理のたびに費用がかかります。ちょうど、大学受験の頃で子どもたちの習い事や進学で教育費がかさんできますので、家の補修代が家計を圧迫……。

「家を建てるときに、もう少しメンテナンスコストについて考えておけばよかったなぁ」と、プロとはいえ、考え直すべき点がいくつも出てきました。これが、私の家づくりの実体験なんです。

家づくりのセカンドオピニオンとは

話は少し変わりますが、医療では、悩んだり迷ったりしたときに「セカンドオピニオン」を受けることができます。具体的には、診断や治療選択などについて、現在診療を受けている担当医とは別に、違う医療機関の医師に求める「第2の意見」のことです。

がんの診断や治療などでは、担当医と十分な話し合いを行っていたとしても、「別の医師の話を聞いてみたい」と思うことがあるかもしれません。もしかすると、ほかの病院の専門医であれば、ほかのよりよい治療方法を提示してくれるかもしれません。そんなときに「セカンドオピニオン」を受け、納得して治療を受けることができます。

家づくりも同じです。大きなお金をかけ、何十年も家族が住む場所をつくるうえで、納得して建てることはとても大切です。どこの住宅会社に行っても、「当社の家が一番よい」という言葉の「よい家」とは、建て主にとって本当によい家なのでしょうか。このような、家づくりにおける不安や悩みを少しでも解消するために、私はこの本を書こうと思いました。

●この本の登場人物●

家づくりにおいて、性能は比較できる

住宅会社を選ぶとき、みなさんはどのような基準で決めますか？「人柄がよさそうだったから」「デザインが素敵だったから」と、そういう人が多いとアンケートの結果でも出ています。しかし、ちょっと待ってください！少し視点を変えて、家づくりをもっとロジカルに考えてみませんか？

左の図を見てください。住宅の性能評価（住宅の教科別の通信簿）を表しています。住宅の良し悪しを決めるモノサシだと思ってください。ここには、人柄や間取り以外の、住宅を評価するための項目が並んでいます。この本では、住宅の性能評価のなかから、特に重要な耐震性能、断熱性能、空気環境、さらに加えて、気密性能、冷暖房設備、コスト、劣化、維持管理・メンテナンスまで取り上げています。その理由は、50年後も快適に暮らせる家をつくるためには、確かな性能と正しいメンテナンスが大切ですし、お財布に優しいことも外せないからです。

私がこのようなポイントを大切に考えている理由は、実体験をしているからです。私の家はQ値1.6W／㎡Kです（Q値の詳細は44頁）。建てた当時（17年前）はなかなかよくできたと思っていましたが、Q値1.0W／㎡Kの友人の家に泊まったときに、これほど快適なのかと、よい意味でショックを受けました。このような私の体験や、今まで現場で見てきた根拠となるデータを交えながら、よい面も悪い面も含めて、中立の立場でお伝えしていきます。この本が、家づくりを始めた方々の不安や悩みを解消できる「セカンドオピニオン」として役立てば、と考えて執筆しました。

建てた家に住むのは自分たちです。だからこそ、正しい知識を身に着けて、住宅会社の言いなりではなく、自分の判断基準をもっていただきたいと思います。安全で、そして快適な家で、豊かな家族との時間を送るため、納得できる家づくりをしていきましょう。

1 構造の安定
2 火災時の安全
3 劣化の軽減
4 維持管理への配慮
5 温熱環境
6 空気環境
7 光・視環境
8 音環境
9 高齢者などへの配慮
10 防犯
いろんな家があるけれど、性能は比較できます。
自分の判断基準をもって家づくりを行いましょう。

耐震等級
「2」or「3」？
家族の
安心・安全

第1章

耐震性能

「大地震後も住み続けられることを前提に」

耐震性能はどこまで必要なの？

日本は「地震列島」といわれているほど、地震の多い国です。そんな日本では、地震に強い家をつくるために「耐震等級」と呼ばれる基準が定められています。耐震等級は、耐震等級１（１００年に1度の大地震に対し、いきなり倒壊しない）、耐震等級２（等級１で想定する地震の1.25倍の強度の建物）、耐震等級３（等級１で想定する地震の1.5倍の強度の建物）があり、数字が大きいほど耐震性能が高いことを意味しています。

ここ最近、耐震等級３が特に着目されるようになりました。その大きな理由は、２０１６年の熊本地震にあります。熊本地震は震度7の強い揺れが、続けて2度も起こった前代未聞の大震災です。これまで日本では震度7の地震が２度もやってくることはなく、連続する揺れを想定した家は考えられていませんでした。その結果、熊本地震では多くの住宅が倒壊してしまいました。

一方、この熊本地震でも耐震等級３の家の多くは倒壊せず、その後も建て替えることなく住み続けられました。この経験から、多くの住宅会社では耐震等級3が「命を守る家」として当たり前の基準として考えられるようになりました。

警察署や消防署などの建物の構造は、災害時に倒壊しないように考えられています。これは家族を守る家も同じことだと思います。

これからの家づくりは耐震等級３を目指して進めていきましょう。

大きな地震は意外と多い

大地震が来ても倒壊しない。万が一のときも、家族の命を守り、被害を最小限に抑える、それが耐震計算の一番の役目である

●過去の地震発生回数

過去35年間での地震発生回数	
震度5以上	367回
震度6以上	58回
震度7以上	6回
過去100年間での地震発生回数	
震度6以上	70回
震度7以上	6回

震度7以上の地震が起こり大きな被害を受けた事例は、2011年の東日本大震災、2016年の熊本地震が記憶に新しい

出典:国土交通省気象庁「震度データベース検索『1919年から2020年までの、震度1以上を観測した地震』」を加工して作成

調べてみると、震度7以上の大きな地震がこの35年に多発していることが分かります。

建築基準法は守られていない？

家づくりの打ち合わせで、どんなに耐震等級についてプレゼンテーションを受けたとしても、「実際に建った自分の家が耐震等級いくつをクリアしているのか」はグレーゾーンです。

建物を建てるには一般的に、「建築確認（※1）」を提出する際に、構造関係の資料も必ず提出し、審査を受けなくてはなりません。しかし、木造2階建て住宅だけは「4号特例」という特別措置（建築基準法6条の4）で省略されているため、建築確認を行っただけでは耐震等級の証明にはなりません。自社の経験と勘で建てた家を耐震等級3相当として扱っている住宅会社もあります。

このような不安を取り除くために住まい手ができることは、耐震等級3の検討書を提出してもらい、第三者の証明書を取得することです。この証明書は地震保険の割引にも適用されます。構造計算の費用の目安は1万円〜／坪ほどです。

「目に見えないものにお金を出したくない」「お金をかけてまで確認しなくても大丈夫」なんて言わないでください。私が構造計算をお勧めする理由は、命の安全面だけでなく、家の快適性や保証にも関わってくるからです。地震で家が歪めば、断熱・気密性能も悪くなるし、雨漏りも起こりやすくなります。そうなれば予定外の補修費が発生することも考えられます。希望した耐震等級の家がきちんと建てられているかは、地震の多い日本において、安心で快適な家として長く住めることを裏付けするものなのです。

※1 建物や地盤が建築基準法に合っているか各市町村で確認すること。建蔽率（建ぺい率）や容積率、北側斜線規制、シックハウス対策、採光の確保などいくつかのチェック項目がある

万が一の地震時に強い家

●大地震時の損壊状況

損傷ランク		Ⅰ(軽微)	Ⅱ(小破)	Ⅲ(中破)	Ⅳ(大破)	Ⅴ(破壊)
損傷状況	概念図					
損傷状況	建物の傾斜	層間変形角 1/120以下 残留変形なし	層間変形角 1/120～1/60 残留変形なし	層間変形角 1/60～1/30 残留変形あり	層間変形角 1/30～1/10 倒壊は免れる	層間変形角 1/10以上 倒壊
損傷状況	基礎	換気口廻りの ひび割れ小	換気口廻りの ひび割れやや大	ひび割れ多大、 破断なし 仕上げモルタルの 剥離	ひび割れ多大、 破断あり 土台の踏み外し	破断・移動あり 周辺地盤の崩壊
損傷状況	外壁	モルタルひび割れ 微小	モルタルひび割れ	モルタル、タイル 剥離	モルタル、タイル 脱落	モルタル、タイル 脱落
損傷状況	開口部	隅角部に隙間	開閉不能	ガラス破損	建具・サッシの 破損、脱落	建具・サッシの 破損、脱落
損傷状況	筋かい	損傷なし	損傷なし	仕口ズレ	折損	折損
損傷状況	パネル	わずかなズレ	隅角部のひび割れ 一部釘めり込み	パネル相互の 著しいズレ 釘めり込み	面外座屈、剥離 釘めり込み	脱落
損傷状況	修復性	軽微	簡易	やや困難	困難	不可
壁量目安	硬い地盤	品確法 耐震等級3	品確法 耐震等級2	建築基準法×1.0 (耐震等級1)		
壁量目安	普通の地盤		品確法 耐震等級3	品確法 耐震等級2	建築基準法×1.0 (耐震等級1)	
壁量目安	やわらかい地盤			品確法 耐震等級3	建築基準法×1.5※2 (耐震等級3)	建築基準法×1.0 (耐震等級1)

品確法と建築基準法の違いは、建物が耐えられる水平力(横に揺れる力)の大きさである。表より、品確法で定められている耐震等級3では建築基準法の1.5倍の水平力を想定して設計しているため、普通の地盤だと小破だが、建築基準法で定められている耐震等級1では大破してしまうことが分かる

※2 軟弱地盤による割増

耐震等級は第三者である評価機関に証明書を出してもらうと安心です。この証明書は地震保険などの割引をするときに用いることができます。

ツーバイフォー工法が強く、木造軸組構法は弱い？

地震に強いといわれているツーバイフォー工法。ツーバイフォー工法の建物は、面（壁）で支える工法です。四角い箱を組み合わせて家を建てるイメージです。一方、木造軸組構法は、線（柱と梁）で支える工法です。１９９５年の阪神・淡路大震災の際は「木造軸組構法の住宅より、ツーバイフォー工法の住宅のほうが倒壊しにくかった」といった報道もありました。耐震性能において、どちらがよいかを判断するのは難しいのですが、建築方法と日本の風土を考えると、ツーバイフォー工法は次のような注意が必要です。

ツーバイフォー工法で家を建てる場合は約３週間かけて、床→壁→天井を組み立てて、最後に屋根をかけます。屋根をかける前に、雨が降ったり雪が積もったりしてしまうと、木材（構造用合板）が水分を含み、傷んでしまうことがあります。私が現場監督をしていたころ、ツーバイフォー工法の家の建設中の天候には随分と悩まされていました。一方で木造軸組構法は、１日で柱と梁、屋根までかけることができるため、ある程度天候にあわせて施工が可能です。雨が多い日本の気候に合った工法だと思います。

近年では耐震性能を上げるための工法が進化し、木造軸組構法をベースに、ツーバイフォー工法の強みを取り入れた、「木造軸組を面材で囲った工法」が多く取り入れられるようになっています。どのような工法で自分の家が建てられるのかを事前に確認すると安心です。

地震に強い工法を知る

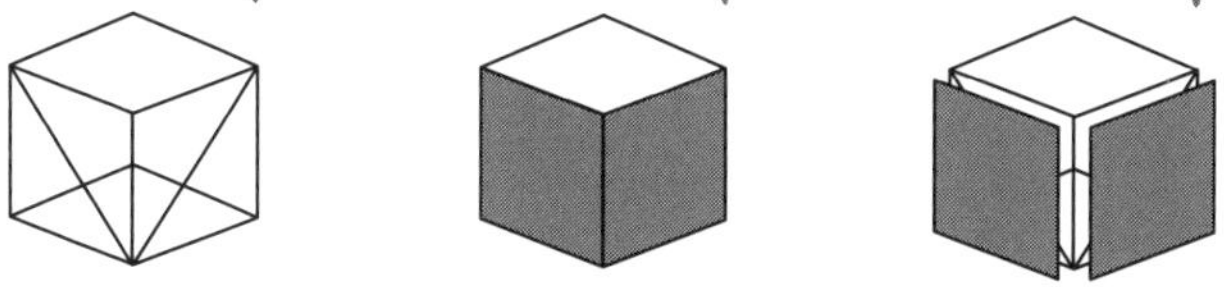

	木造軸組構法	ツーバイフォー工法	木造軸組を面材で囲った工法
メリット	● 日本で古くから採用されている(厳密にはプレカット加工と伝統的工法は異なる) ● 鉛直力・引張力に対し、材だけでもある程度の強度がある ● 間取りの制約が少なく、増改築やリフォームがしやすい	● 外壁の構造面材、内側の石膏ボードは全て耐力壁として働く ● 天井は全て水平構面として働く(建物に横からかかる力に対して強い) ● 間取りの制約がある程度あり、増改築やリフォームがしにくい	● 両方のメリットを併せもつので、日本の気候にも合う ● ツーバイフォー工法のよさを取り入れ、地震に対し強くなっている
デメリット	● 大工の加工が必要な場合は、職人の技術力に左右される ● 部材同士をつなぎ合わせる部分(通し柱への胴差、梁の蟻加工など)の、断面寸法が小さくなる(断面欠損が大きい)	● 石こうボードの場合は、ひびが入ると余震に対応できない可能性がある ● 構造用合板などを使用し、防湿など考えないと結露で構造材が腐朽し、耐力が低下する可能性がある	● 面材を張るので価格は上がる

阪神淡路大震災で、ツーバイフォー工法の建物が倒壊しづらかった理由の1つは、ツーバイフォー工法で建てられた建物が比較的新しかったことと、水平構面の強さがあったためです。

耐震性能と間取りはセットで考える

耐震等級を上げようとすると、間取りに制約があると思われがちですが、耐震性能と間取りの関係を互いに補い合うものと考えてみてはいかがでしょうか。耐震性能を高めたければ無理な間取りはできませんが、少しだけ間取りを工夫すると地震に強い家をつくることができます。地震に強い家をつくる間取りのポイントは3つあります。

●壁の量（耐力壁） 木造軸組構法において耐力壁とは、地震や風などの横からの力（水平荷重）に抵抗する力をもつ壁のことを示します。1階に広いリビングをレイアウトしたい場合は、2階の重さを支えられるだけの耐力壁の量を確保することで叶えることができます。柱・壁のない開放的なリビングは魅力的ですが、耐力壁の少ない空間は安全性に劣ると言わざるを得ません。

●バランス（偏心率） 東西南北の壁バランスが取れているのかを指します。例をあげると、北面は壁ばかりで南面は大きな窓でできた家などは壁のバランスが悪く、地震の際の横揺れでねじれるように、家が倒壊してしまいます。

●力の加わり方（直下率） 1階と2階の柱と壁を同じ位置に設置することで、地震に強い家づくりができます。できるだけ上下の柱と壁の位置を揃えるよう、間取りの工夫を行いましょう。

理想の間取りを叶えながら耐震等級3を確保するためには、間取りを検討するときに、住宅会社に要望を伝えると同時に強度を上げる方法も確認しながら進めると打ち合わせがスムーズです。

シンプルな形が地震に強い

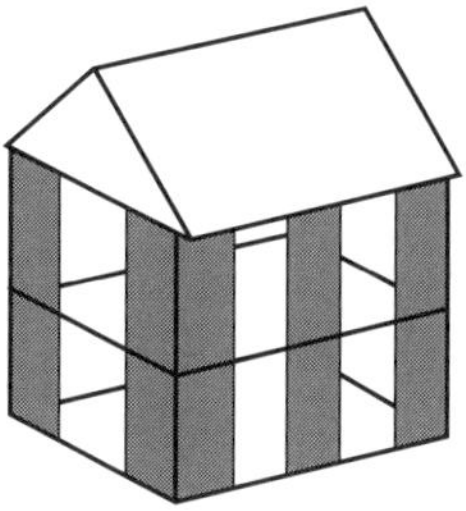

層2階の家：
1階と2階の柱や壁の位置が同じなので地震に強い

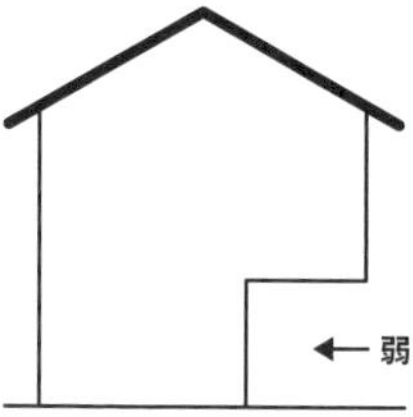

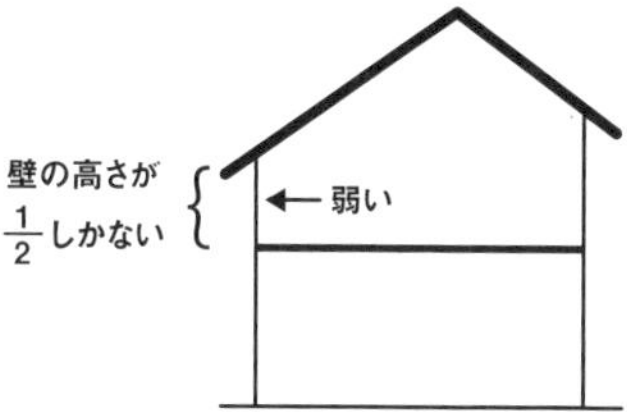

2階が飛び出た家（オーバーハング）：
柱がないため梁がゆがみ、地震に弱い

壁の高さが低い形：
階高の$1/2$以下の高さの壁は、耐力壁にならないため、壁に耐力壁がない状態と同じである

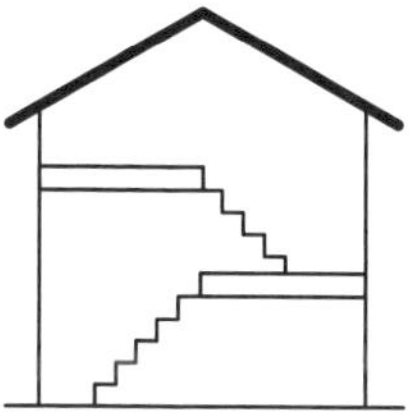

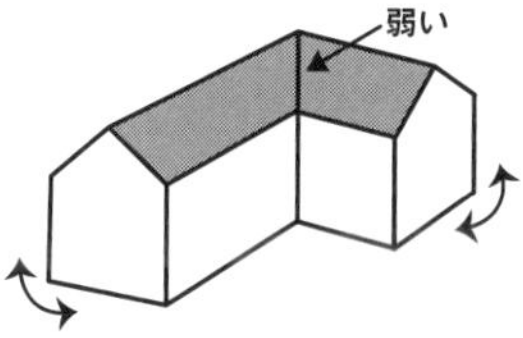

スキップフロアの家：
構造計算すれば問題ないが、計算に非常に手間がかかる

不正形の家：
地震の揺れが区画面によって違うため、接合部の強度や区画ごとの強度が必要。壁の割れなどに注意

吹抜けをつくると地震に弱くなる？

上下階をつなげる開放的な吹抜けにはたくさんのメリットがあります。2階の壁に窓をつければ自然光が家中に入って明るい空間ができますし、上下階のコミュニケーションも取りやすくなります。しかし、大きな吹抜け空間には柱や壁は少なく、床もないので、耐震性能という視点で見ると弱点になってしまいます。そのため間取りをつくるときには耐震性能への注意・工夫が必要です。

家の耐震性能を牛乳パックにたとえてみましょう。牛乳パックの中央を手で押さえるとグニャッと凹みます。しかし、牛乳パックの内側に仕切り、または底のような強度のある蓋を付け足すと凹むことは防げます。家も同様で床がないとグニャグニャとやわらかくなります。壁や床が横方向の力を支える役割を果たしているのです。

吹抜けのある間取りを考えるときに、この牛乳パックのイメージを参考にするとよいでしょう。吹抜けをつくったとしても、X方向とY方向のどちらに対しても、床と壁のつながりをもたせるようにすればよいのです。そうすることで、床と壁の変形を防げ、吹抜けがあっても、大きく耐震性能が損なわれることはありません。また、床をつなげる梁や水平ブレース、火打ち梁で補強を入れるなど、強度を上げる対策もあります。

このように吹抜けをつくったからといって一概に「地震に弱い」とは限りません。床の設け方を工夫することで、吹抜けがあっても地震に強い家づくりは実現可能なのです。

吹抜けがあっても地震に強い家

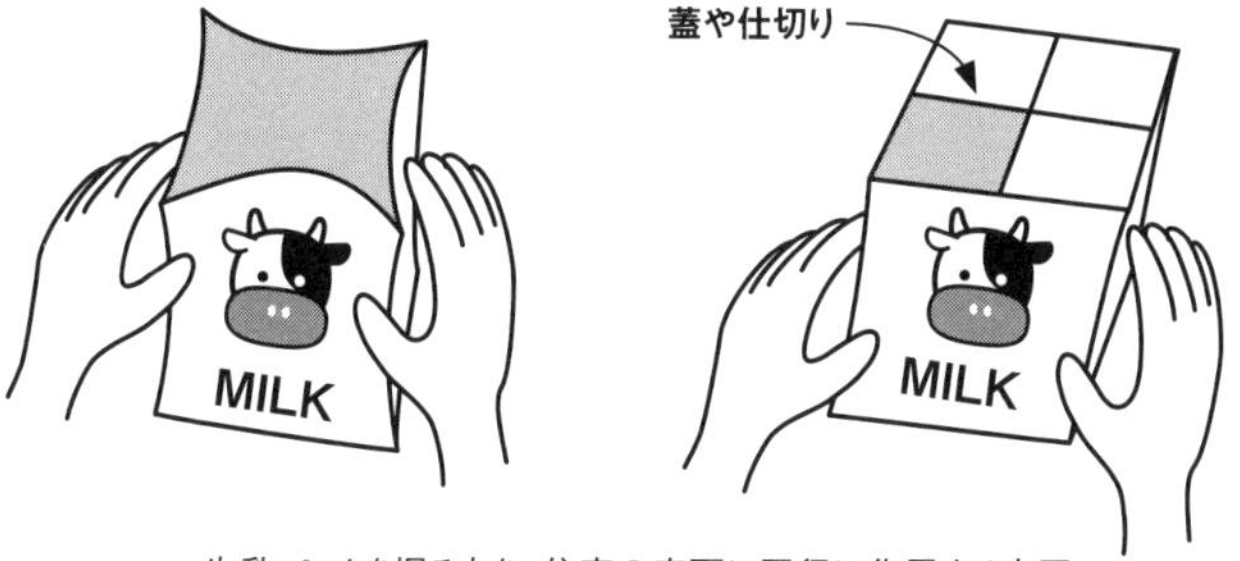

牛乳パックを握る力を、住宅の床面に平行に作用する水平力（横揺れ）と表した。床（仕切り）があることで、水平力に強くなり、牛乳パックがつぶれない

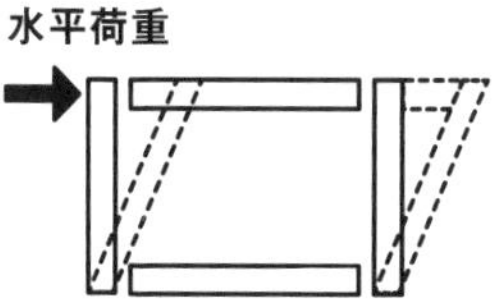

火打ち材がないと、水平荷重（横からの力）によって、平行四辺形のように変形してしまうため、地震に弱い

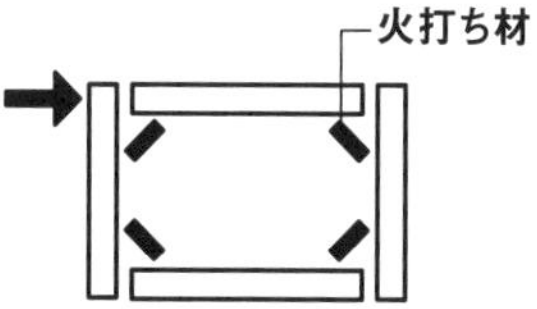

火打ち材が入ると、水平荷重（横からの力）に強くなる

豆知識

建物の地震対策

地震対策には「耐震」「制振」「免震」があります。「耐震」は建物の壁に耐震壁を設置したもので、地震の揺れに耐えて倒壊を防ぎます。「制振」はゴムやダンパーなどの制振装置を設置したもので、地震の揺れを吸収し、揺れ幅を小さくして建物へのダメージを減らします。「免震」は基礎と建物の間にゴムやローラーなどを設置し、地震力自体を建物へ伝えないものです。

地盤が弱いと建物の揺れも大きくなる

家づくりは、土地を手に入れてからがスタートです。何十年も暮らす家の土地は、日当たりや周辺環境のほかに地盤にも目を向けて慎重に見極めていきましょう。地盤が緩いと、せっかく建てたマイホームも地震によって倒壊しやすくなってしまいます（15頁）。なので、地盤調査で必要な地盤改良を行なわなくてはなりません。

分譲地や造成地に家を建てる場合でも、地盤改良がされていないことが多く、住宅の建築費とは別に地盤改良費がかかることがありますが、購入前に住宅会社（地盤調査会社）で過去の地域の地盤状況が分かる場合があるので聞いてみましょう。

地盤改良には、軟弱な地盤そのものを固める工法や、既製の杭を打つ工法などがあります。費用は1㎡で2万円〜。ざっくりですが、30坪の家で深さ5mの地盤改良を行う場合は、100万円前後の予算を想定しておくと安心です。軟弱な地盤の場合は特別な対策が必要になるので、地盤調査をし、専門業者からアドバイスを受けましょう。

ちなみに、住宅の耐震等級は固い地盤の上に建てられているという前提で、建物だけの耐震性能を表しているものです。なので、耐震等級3の家を建てたとしても地盤が緩ければ家が傾いてしまいます。わずかでも傾いた家は、建具の歪みが生じて建付けが悪くなります。また、住む人はめまいがするなどの不快感に襲われて、住んでいられない状態にもなることもあるのです。住宅会社に土地を購入する前に相談しておくことをお勧めします。

軟弱な地盤には改良が必要

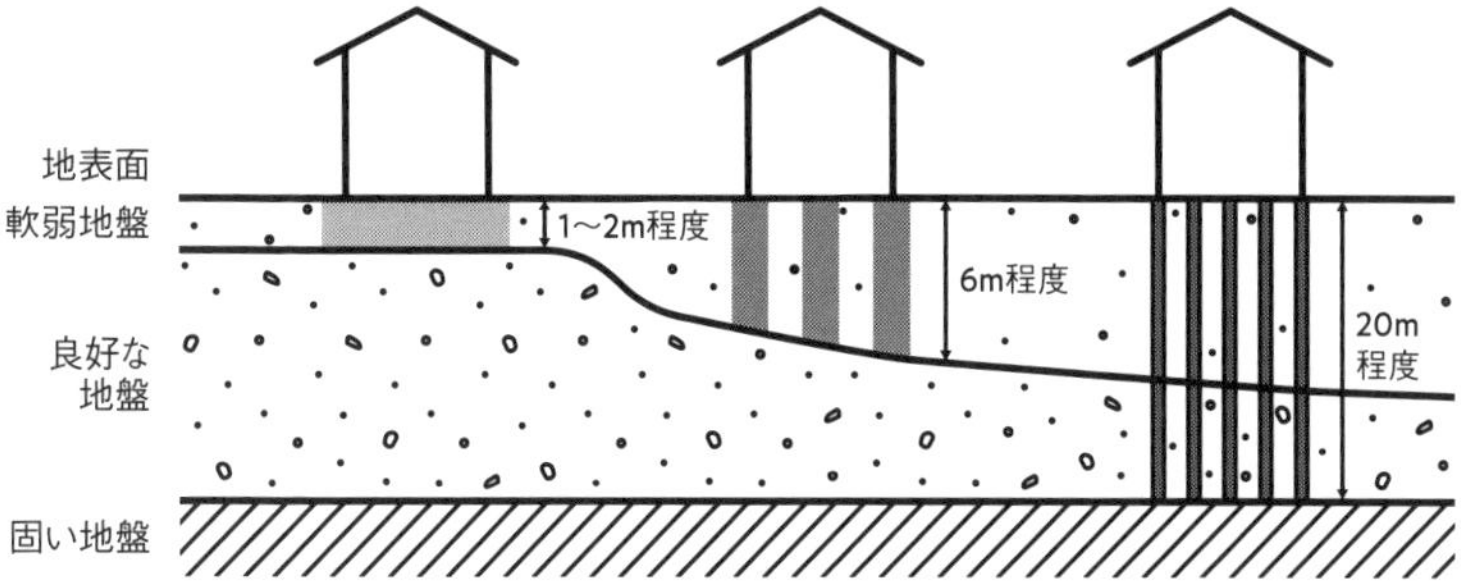

	表層改良	柱状改良	鋼管杭打ち
特徴	軟弱地盤が浅く2m以内の地盤で採用される。表層面の軟弱な部分にセメント系固化材と土を投入することで強度を高める工法	軟弱地盤が2～8m以内の地盤で採用される。柱状に穴を掘り、そこにセメント系固化材と土を注入することで強度を高める工法	軟弱地盤が8mを超える地盤で採用される。地中に小口径の鋼管杭を支持層まで打ち込み、基礎を安定させる工法
費用	小	→	大
メリット	● 改良深度が浅い場合は比較的リーズナブル ● 小型の重機でも施工が可能 ● 地中にコンクリートや石などが混入していても施工できる	● 比較的リーズナブル ● 住宅の地盤改良工法として多く採用されている ● 支持層（強固な地盤）がなくても施工できる場合がある	● 施工後の地盤強度が他と比べて高い ● 3階建てなどの重量のある建物にも対応できる ● 柱状改良より小さい重機でも施工できる
デメリット	● 勾配のきつい土地では施工が難しい場合がある ● 地盤改良面よりも地下水位が高い場合は対応できない ● 施工者のスキルに依存しやすく、実績を積んでいないと仕上がりの強度に影響する	● 水位が高い土地や有機質土などの地盤では、固化不良が発生する ● 施工後は地盤の現状復帰が難しい ● 狭小地や高低差のある土地では施工できない場合がある	● 支持層がないと施工できない ● 工事中に騒音や振動がでる ● 柱状改良工法より高額になる ● 圧密沈下の大きい場所（新しい盛土造成地など）では、建物は沈下せず周囲の地盤が下がり、杭の抜け上がりが起こる場合がある

※条件や環境によって変動するので、詳細は専門家に相談してください

耐震等級も建物が劣化したら意味がない

「耐震実験で繰り返される揺れを○○回クリアした家」「耐震等級3の家」だから、どんなに大きな地震が起こっても安心だ。こんなふうに思うのはちょっと待ってください。建てたときは「耐震等級3」であったとしても、20年後、30年後にその性能が保たれているかどうかは別の話です。年数が経って建物が少しずつ劣化することで、耐震性能も低下していくからです。

建物の劣化を早める要因は3つあります。まずは雨漏りと結露の2つです。結露といっても窓の表面にできる結露ではありません。窓辺の結露は拭けばよいですが、ここでいう結露は壁の内側にできる「壁体内結露」です。壁のなかの結露は壁をはがさない限り分かりませんし、水分を拭き取ることができない厄介者です。壁体内結露は構造体である木材を腐らせる引き金になるので、施工するときに細心の注意が必要です。特に構造用金物は冷たくなるので、結露しやすいのです。

3つ目は、シロアリ被害です。20年も経つと、水まわりを中心にシロアリの温床になっていることがあります。柱のなかに棲み着くと、柱を食ってスカスカにしてしまうため、柱の強度が低下します。

新築時の耐震性能に目が向けられますが、数十年後の地震時に適切な耐震性能が保たれていなくては意味がありません。建てたときの耐震性能を長く保ち、構造用の木材を腐らせないために「家を正しく・丁寧に・長持ちする施工」も打ち合わせ時に聞いておくと安心です。

劣化すると地震に弱くなる

雨漏り、壁体内結露、シロアリ被害などによって劣化した家は、地震のときに倒壊するおそれがある

数十年経っても劣化が少ない家は、万が一の地震時でも倒壊せず、住み続けることができる

豆知識

地震の頻度

東海・東南海・南海地震は約100年〜200年に1度起こっています。列挙すると、

・1605年慶長地震(東海 東南海 南海連動)M7.9、
・1707年宝永地震(東海 東南海 南海連動)M8.6、
・1854年安政東海地震(東海 東南海連動)M8.4、
・1854年安政南海地震(南海地震)M8.4、
・1944年昭和東南海地震(東南海地震)M7.9、
・1946年昭和南海地震(南海地震) M8.0、です。

2001年頃に起こる確率は50%以下でしたが、2020年には東海88%東南海70%南海60%で、同時に3つが連動発生するともいわれています。M7の首都圏直下も30年以内に70%と予測されています。

出典:地震発生確率は文部科学省地震調査研究推進本部による(2012年1月1日現在)

耐震と一緒に考えておきたい「耐風等級」

　昨今の異常気象によって、大型台風や竜巻が発生し、年々大型化しているというデータもあります。そのため、これらの被害を防ぐ「耐風等級」も耐震と一緒に検討しましょう。「どのくらいの強風に耐えられるのか？」と心配に思う人もいるでしょう。まずは耐風等級とはどんなものかを考えていきます。

　耐震等級は1、2、3と3つのランクに分かれていますが、耐風等級は1、2の2つ。地震と同様に、数字が大きいほど性能が高いという指標です。耐風等級1は、耐震基準法で決められた最低基準が守られている家のこと。耐風等級2は、耐風等級1の1.2倍の強度をもっています。

　家の形で考えると、正方形の家に比べ、風の当たる面積の大きい長方形の家は耐震性能と耐風性能の確保が難しくなります。耐震等級を計算するソフトを使うと、自動的に耐風等級が算出されるので、耐震性能と同時にチェックしましょう。

　余談ですが、私の妻は大の台風嫌いで「台風は一晩かけて通り過ぎる。地震よりも時間が長い分、怖い」と言います。そんなときのために、構造の強度を確保する耐風等級はもちろん、台風対策として雨戸やシャッターを設置したり、地域によっては庭木で防風林をつくったりすることも有効です。また、断熱・気密性能を高くすることで、外からの遮音効果アップも期待できて、ゴウゴウと吹き荒れる風の音を遮れます。台風の夜でも比較的静かに過ごすことができるのでお勧めです。

台風に強い家をつくるには

建築基準法レベル。最大風速50m／s程度の風に耐えうる

建築基準法レベルの1.2倍の風速に耐えうる

豆知識

細長い建物は不利

建物が細長い場合、面積が大きい壁面に風が当たれば、建物が揺れやすくなります。また、建物が細長くなると耐力壁も面積の大きい壁面にはたくさん入りますが、風の力に耐える面積の小さな壁面には入れづらいため、間取りや構造の工夫が必要になります。建物の形状は、コストや間取りだけでなく、地震、台風、断熱性能においても影響が出るので要注意です。

火災から命を守る「耐火構造」

「地震・雷・火事・おやじ」なんていわれているように、火災も地震と同じように昔から怖れられているものの1つ。家づくりでは、耐火構造と呼ばれる火災に強い構造を選ぶことで火災対策を行っています。

具体的には、壁、天井、床、屋根、階段などの部位ごとに、火災に強い建材を用い、火が広がらないようにファイヤーストップを施工することで耐火構造の家をつくることができます。また、ツーバイフォー工法でつくられた家のほとんどはボードとファイヤーストップを用いているため、耐火構造として取り扱われます。

さて、ここで火災保険にも触れておきましょう。家を建てた後、大多数の方は火災保険に加入しています（義務ではありません）。しかし、火災保険料が、耐火構造の家を建てることでお得になることは意外と知られていません。木造戸建て住宅の火災保険料は、耐火構造（T構造）と、非耐火構造（H構造）の2種類があり、耐火構造で建てれば保険料が約半額とかなりお得になります。

耐震等級3の家を建てれば、地震保険も同様に安くなります。地震被害のリスクも少なく済むので、保険料が安くなるという仕組みも頷けます。耐火構造で耐震等級3の家を建てると建築費は上がりますが、保険料の減額を考えるとトータルではお得になる可能性が大きいと思います。デザインや間取りの多少の制限はありますが、性能の高い家は心からの安心・安全を得られます。

火災対策で保険料もお得になる

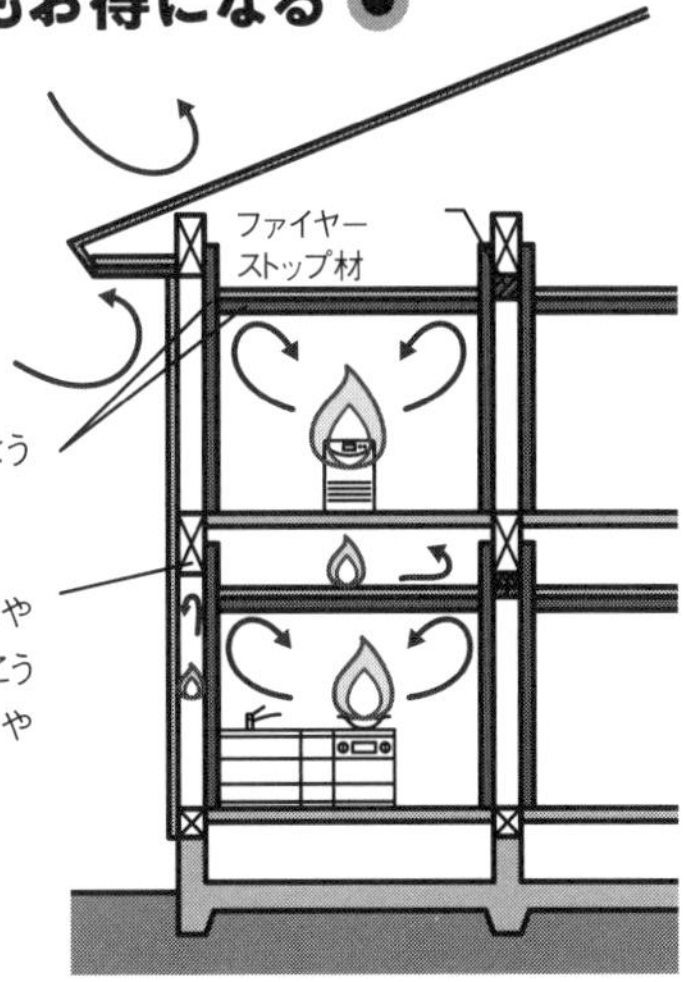
木造戸建て住宅の火災対策
※一例です。
ファイヤーストップ材
火を他の部屋に移さないように石こうボードで囲む
火が壁の中を通って上の階や天井にまわらないように、石こうボードを桁まで延ばし、木材や断熱材で塞ぐ

40年分の保険料比較表

条件:東京都の場合、建物価格2,200万円、家財(家具、家電製品など)300万円を想定

	1年分の火災保険(上)と地震保険(下)の費用 ※1	40年分の保険費用の合計	コストアップ分の建築費 ※2	合計
非耐火構造(H構造)耐震等級1	43,000円 43,767円	3,470,680円	0円	3,470,680円
非耐火構造(H構造)耐震等級1	23,000円 28,125円	2,045,000円	250,000円(耐火)	2,295,000円
耐火構造(T構造)耐震等級3	43,000円 24,315円	2,692,600円	250,000円(耐震)	2,942,600円
耐火構造(T構造)耐震等級3	23,000円 15,625円	1,545,000円	500,000円(耐震・耐火)	2,045,000円

40年間で
1,425,680円もお得

40年でこんなに差がでるの? 地震対策と火災対策は、万が一のときも安心だし、長い目で見ればお財布にもやさしいわね。

※1　保険費用は目安です。保険会社や地域によって金額が変わります。
※2　建築費は目安です。建物規模や住宅会社によって金額が変わります。

チェック項目

[耐震性能]

☑ 土地の地盤の状況は確認しましたか

☑ 耐震等級3の家になっていますか

☑ 耐風等級2も検討しましょう

☑ 無理な間取りは
できるだけさけましょう

☑ (省令)準耐火構造で
トータルコストを安く
できるか検討しましょう

本当に怖いシロアリ被害を防ぐ

木造住宅にはシロアリという問題が常に付きまといます。日本の木造住宅に被害をおよぼすシロアリは、主に北海道北部・東部を除く日本全土に生息するヤマトシロアリ、千葉県以西の海岸線に生息するイエシロアリの2種類が挙げられます。いずれのシロアリも、少しでも隙間があれば、地盤の下から建物内へと侵入します。

木材の主成分はセルロース、ヘミセルロース、リグニンの3つです。鉄筋コンクリートにたとえると、セルロースは鉄筋、ヘミセルロースは鉄筋を結ぶ針金、リグニンはコンクリート。シロアリはセルロースとヘミセルロースを栄養とするので、それらが食べられてしまうと、木材の強度は大きく低下してしまうのです。

シロアリ対策としては、ベタ基礎の採用や基礎高を上げることに加え、シロアリが苦手とする物質を含む木材を使用する方法や、木材に薬剤を注入してシロアリに食べられないようにする方法が挙げられます。シロアリに強い代表的な木材としては具体的に、ヒバやヒノキがあります。地面に近い土台に適した木材といえるでしょう。薬剤としては、アルキルアンモニウム化合物や、銅・ヒ素化合物系などが広く採用されています。近年では基礎断熱や床下エアコンなどにより、床下の空気が室内に流れることもあるため、天然鉱物で、放散しないホウ酸の防蟻剤の採用が増えています。

万が一の災害時のインフラ事情

これからの家づくりでは、災害への備えをしっかりと講じる必要があります。多発する地震への対策はもちろん、大雨や台風など、急激な気象の変化にも対応しなければなりません。

万が一、家が壊れたときは、まわりの家も被害にあっている場合が多く、修理を頼んでも1年待ちということもあり得ます。すぐに直せれば建て替える必要がなかった家も、修理を待つ間に水が浸入し腐ってしまい、建て替えが必要になるケースもあります。

２０１９年に千葉を襲った台風19号の被害では、電気の供給が１カ月間ストップしました。また、２０１１年東日本大震災では、ガスや水道などの地下設備の復旧に時間がかかりました（34頁上）。

こうしたリスクに備えるために、太陽光発電や、発電ができる自動車PHEVの購入もよいと思います。生活用水に関しては、給水車などが手配されるまでの緊急用の水を、貯蓄タンクのあるエコキュートやハイブリッド給湯器でまかなうことができます。ガスに関しては、ボンベからガスを供給できるプロパンガスを検討してもよいでしょう。

一般消費者が性能面で重視するポイント

住宅金融支援機構が消費者を対象にアンケートを実施したところ、住宅を購入する際に性能面で重要視している項目として、耐久性能、耐震性能、省エネ性能が上位にランクインしました（34頁下）。なかでも耐震性能については、過去の調査結果を上回る結果になったとのことです。

近年、頻発する地震や、これから起こる可能性のある地震（南海トラフ巨大地震や首都直下型地震など）に対する意識の高まりであると推察されます。加えて、避難所生活で想定外のウイルスや感染症の発生も考えられます。そんな時に自宅が避難所として過ごせるように、耐震性を高め、無暖房でも暖かい家が今まで以上に必要になるでしょう（35頁）。

●各災害時の復旧速度

災害名	被災地域	電気	ガス
2018年 台風24号	中部	△ 5日間で復旧	◎ 被害なし
2018年 北海道胆振東部地震（最大震度7）	北海道	△ 北海道全域で停電	◎ 被害なし
2018年 台風21号	関西	△ 3週間で完全復旧	◎ 被害なし
2018年 西日本豪雨	中国	△ 8万戸停電、1週間で復旧	○ 1,000戸停止、5日で復旧
2018年 大阪北部地震（最大震度6弱）	関西	○ その日のうちに復旧	△ 1週間で復旧
2016年 熊本地震（最大震度7）	九州	○ 5日間で復旧	△ 2週間で復旧
2011年 東日本大震災（最大震度7）	東北・関東	△ 3ヵ月で復旧（福島原発除く）	○ プロパン1カ月 都市ガス1カ月半

◎は被害なし、○、△は各災害での復旧速度を相対比較
出典：災害直後の新聞記事・内閣府調査より、リンナイまとめ

●建物の性能で重視する項目

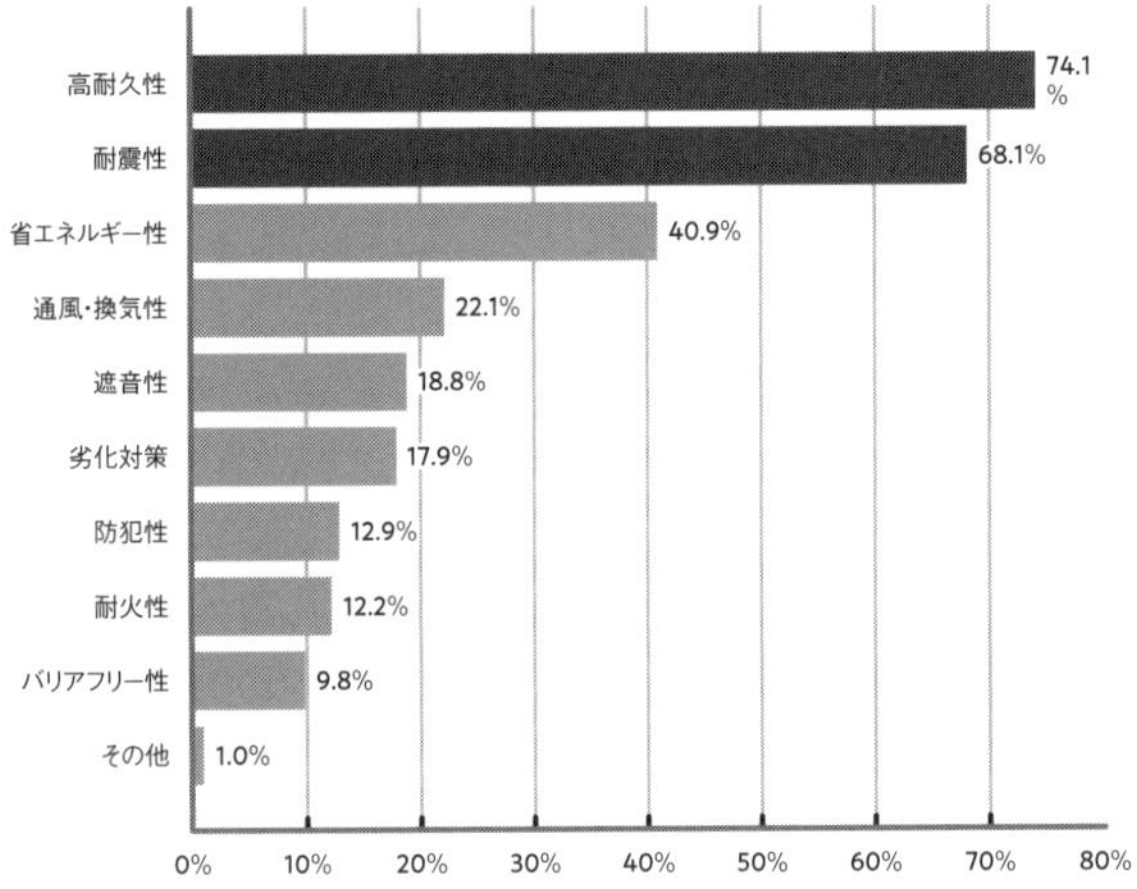

出典：住宅支援機構「2020年度における住宅市場動向について」

●地震に強い家をつくるための構造

	メリット	デメリット
筋交い	●靭性（粘り強さ）が高い ●日本建築に古くから採用されている	●座屈（たわみ）が起こったり、金物が引き抜けたりすると、耐力が一気に低下する ●無等級の木材が使用されることが多いため、木の節の有無で材料自体の強度のバラつきがある
面材	●石膏ボードに限らず、合板でも木質パネルでも高い剛性がある ●正しく設計・施工すれば、ある程度靭性（粘り強さ）が出る ●国の認定を取得した商品が多数あり、さまざまなプランに対応できる ●面材は釘がゆっくり抜けるので靭性があり強い	●石膏ボードはひび割れると余震に対応できない可能性がある ●施工時に釘のパンチングアウト（釘がめり込むこと）が起こると、耐力が一気に低下する ●結露が起こりやすい環境の場合、釘が腐食し、耐力が低下する可能性がある

構造用面材で有名なのは構造用合板（木材）ですが、細かく砕いた木材を樹脂で固めたOSBやMDF、パーティクルボードもあります。そのほか、火山灰や石膏、天然素材の鉱物を固めたもの、その2種類を混ぜたパルプ入セメント板などがあります。腐ったり、燃えたり、割れたりすれば、耐力壁としての効果はなくなります。自分の家の壁構造に合ったものを選びましょう。

●金物工法のメリットデメリット

メリット	デメリット
●職人の技術力に左右されない ●施工がスピーディー ●柱、梁の断面欠損が少ない ●在来軸組構法で必要とされる羽子板ボルト（補強金物）が不要 ●仕口強度が高い	●費用がかかる ●比較的新しい工法のため、今後の劣化状況などの事例が少ない ●結露などで金物が腐食し、強度が低下した場合や、木材が乾燥してドリフトピンが抜けた場合は、胴差などに蟻加工の仕口などがなくスリットだけなので、梁の強度が落ちる可能性がある ●木材が集成材になることが多い

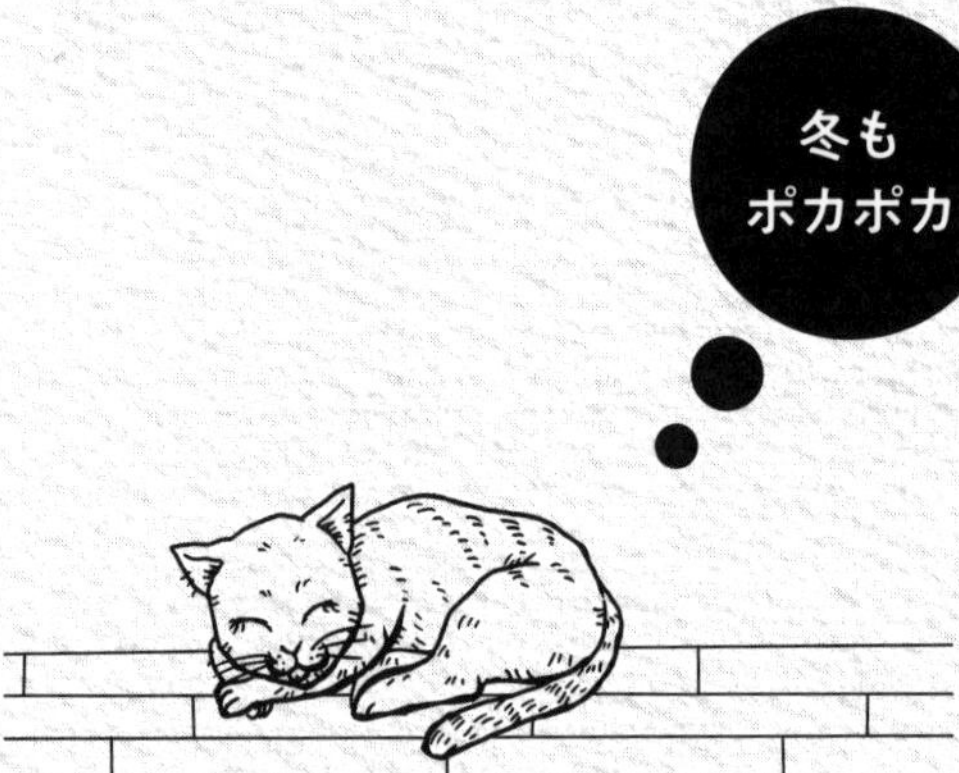
冬も
ポカポカ

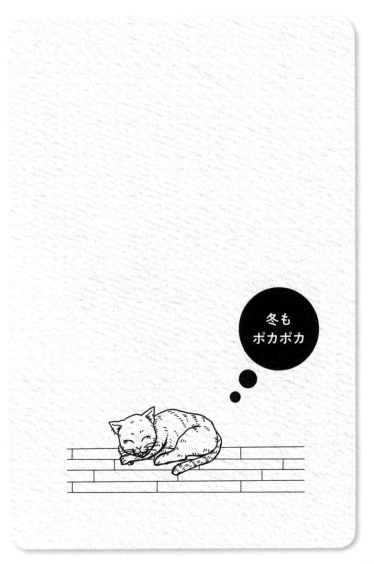

第2章

断熱性能

「普段の生活で肝になる快適性」

快適さをつくるためのポイントは表面温度

快適に暮らすために、人が「快適だ」と感じるための要素を知っておきましょう。

●温度　家の快適性を左右する温度には、部屋の中の空気の温度（室温）と、部屋を構成している表面の温度があります。冬の室温は20℃～24℃が快適といわれています。また、室温だけでなく、天井や壁、床などの表面の温度も快適さに影響を与えます。人が快適に感じる状態というのは、体内で生み出される産熱と、体内から出ていく放熱のバランスが取れている状態です。冬、冷たい壁の近くにいると寒さを感じるのは、産熱よりも放熱が多くなるためです（左図）。

客観的に快適か不快かを知るために「体感温度」という指標もあります（左式）。空気の温度と、天井、壁、床などの表面温度も考慮されています。ただし、湿度・風量や着衣量については触れられていないので、あくまで目安です。

●湿度　空気中に含まれる水分量を示します。一般的に快適な湿度は40％～60％といわれています。夏は湿度が高くなり、冬は低くなるので調整することで快適に感じます。たとえば夏に部屋が26℃で快適な温度だとしても、湿度が高いとジメジメとして気持ち悪さを感じます。

蒸し暑いときには、洋服を脱いだり、扇風機を付けたりして快適な環境をつくることはできます。まとめると、温度（室温と表面温度）、湿度、そして風、着衣量の条件で、快適さが決まると覚えておくとよいでしょう。

室内の表面温度も大切

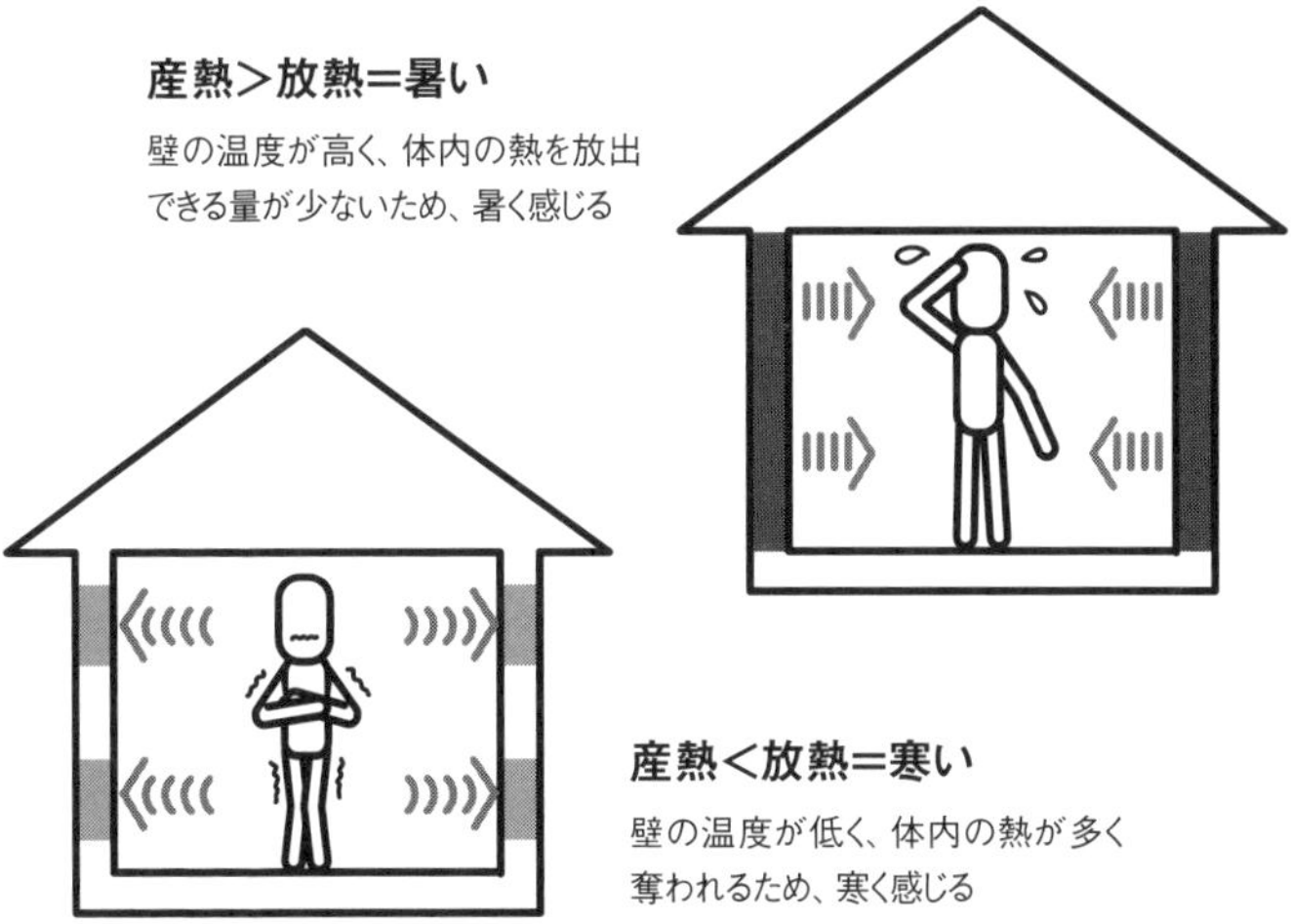
産熱＞放熱＝暑い
壁の温度が高く、体内の熱を放出できる量が少ないため、暑く感じる
産熱＜放熱＝寒い
壁の温度が低く、体内の熱が多く奪われるため、寒く感じる

$$体感温度 = \frac{室温 + 部屋の表面温度の平均}{2}$$

冬に室温が高くても、表面温度が低ければ、人は寒いと感じる

今住んでいるアパートで、石油ファンヒーターの設定温度を27℃にしても寒いと感じるのは、壁や窓などの表面温度が低いからなんだね！

冬場に暖かい家はこんなにすごい

私の実家はいわゆる昔ながらの「寒い家」です。断熱性能が低い家の辛さを、身をもって体験しています。ここでは実体験をもとに断熱性能が高い「暖かい家」の魅力を紹介します。

実家にいると、窓まわりから外の冷たい空気が入ってくることが分かるほど、窓のそばは寒い場所です。暖房をつけると、外と室内の温度差によって、窓に結露がびっしりなんてことも。一方、「暖かい家」は壁には熱を逃がさないように断熱材がたくさん入っています。窓の断熱性能が高く、外の冷たい空気で窓まわりが冷やされることもないので、結露の心配もなくなります。

また、実家は廊下やトイレなど、暖房していない場所が非常に寒く、トイレへ行くのも、別室に物を取りに立つのも億劫になってしまいます。暖房のきいたリビングのドアを開こうものなら廊下から冷気がヒューっと入ってきて、「すぐに閉めて！」と母に怒られ、慌てて閉めるなんてことも…。

一方、「暖かい家」は部屋の温度ムラがないので、ドアの開け閉めで家全体の温度が変わることはありません。なので、「寒いから後にしよう」ということもなく活動的に過ごせます。さらに、軽くて薄い布団1枚で一年中ぐっすりと眠れます。

家全体が寒くないことは快適で、健康にもよいことづくしです。強いてデメリットをあげるとすれば、食品が腐りやすくなることくらい。「夕飯の残りものを次の日まで置いておく」のではなく冷蔵庫を利用してくださいね。

断熱性能が高くて、冬暖かい家

デメリット

- 暖かくて、リビングでうたた寝してしまう
- 残ったおかずなどを出しっぱなしにしていると腐る
- ジャガイモなどの芽が出やすい
- 引越し時期が真冬だと、家が暖まるまでに時間がかかる
- 外の温度が分からずに、薄着で外出してしまう
- ホテルなどの外出先の空間が不快に感じることが多い

暖かい家では、食べ物を出しっぱなしにしないようにしなきゃ。

メリット

- 帰ってきたとき玄関を開けると家が暖かい
- どの部屋も暖かいので活動的になる
- 足元が冷えない
- お風呂やトイレも寒くない
- WICで着替えができる
- 湯冷めしない
- ヒートショックが起きにくい
- 布団が冷たくないので寝つきがよい
- 朝起きたときに寒くない
- 布団の量が少なくて済む
- 洋服を着込まなくてよい
- 着替えるとき服が冷たくない
- 結露が少ない
- 季節の変わり目でも、家の温度が変わりづらく、風邪もひきづらい

暖かい家なら、寒い日の朝支度もストレスなし。

夏場に涼しい家はこんなにすごい

高断熱住宅というと冬場の寒さを逃がさないことばかりが注目されがちですが、夏場の快適さも提供してくれます。夏のうっとうしい暑さもやわらぎ、暑さが原因のトラブルを防止することができます。

●熱中症　熱中症の4割は家の中で起こっており、特に高齢の方が多いです。高断熱住宅でお勧めの過ごし方は、エアコンを適温に設定して24時間つけっぱなしにしておくことです。家全体がムラなく冷やされ、快適な環境が24時間保たれるので熱中症の心配もぐんと減少します。

●寝苦しい熱帯夜　熱帯夜は、エアコンなしでは寝苦しく、反対にエアコンをつけていると不快に感じるなど、入眠できない人も多いはず。このような夏の夜も、高断熱住宅ならエアコンの温度を設定して運転しておくと快適な温度に保たれます。風も感じません。タオルケットを1枚かけて横になれば朝までぐっすりです。

夏場の高断熱住宅の壁は、まるで保冷効果の高い水筒のような役割をしてくれます。水筒のなかで飲み物が長時間冷たいままであるように、室内の温度を一定に保ち、快適さを得られます。

「エアコンをつけっぱなしにして寒くならないの？」と、そんな声も聞こえてきそうですね。男女差や年齢差で快適だと感じる温度が違いますし、活動中と就寝時の温度差もあるので、エアコンの温度設定以外に、湿度や着衣量の調整もしましょう。

断熱性能が高くて、夏涼しい家

デメリット

- 心地よいそよ風はない
- 外に出たとき暑く感じる
- その日の温度や湿度が分からない
- 室内が一度暖まると冷ましづらい
- エアコンを連続冷房すると、電気代がかかる

メリット

- 帰ってきたとき玄関を開けると涼しい
- どの部屋も涼しい
- 2階の部屋も涼しい
- 熱帯夜でも快眠できる
- 熱中症になりにくい
- 入浴後も涼しい
- 通風に頼らなくてよい
- エアコンの不快な風がない
- 梅雨時期でも湿気が少ない

冷え性だから、エアコンの風は苦手だったけど、風を感じない涼しい部屋は快適ね！

夏の寝苦しい夜がなくなるのはうれしいな。ぐっすり眠って、1日の疲れをスッキリ解消できそう。

断熱性能はどこまで必要なの？

日本には、省エネルギー基準法と呼ばれる断熱性能に関する基準があります。2020年現在、この省エネ基準では日本を8つの地域に分けて、その気候に合わせてクリアすべき基準値（U_A値）が決められています（47頁）。一般的にはこの基準をクリアした住宅を「高断熱高気密住宅」「高性能住宅」と呼んでいますが、基準を満たした程度ではあまり快適ではないことを念頭において家づくりを行ってください。

この本を手に取った方であれば、U_A値やQ値などの断熱性能の指標は聞いたことがあるかもしれませんが、改めて用語のおさらいをしましょう。

●U_A値　外皮平均熱貫流率のことです。外皮（床、外壁、屋根、天井、窓）の断熱材の厚みの平均値を指しています。U_A値の数値が低いほど断熱性能が高いことを意味しています。人の衣服にたとえるならば、上着とズボンと靴下です。素材や厚さによって暖かさが違うように、家の外皮である断熱材が厚くなるほどU_A値は低くなります。

●Q値　熱損失係数のことです。家の冷暖房費の目安として使うときに便利な単位です。Q値の数値が低いほど暖房費が下げられることを示しています。換気によって失う熱の量まで数値に考慮されているので、より厳密に暖かさや涼しさを表すといえます。私が住宅の断熱性能を説明するときは、Q値を使っています。私の目標はQ値1.0W／㎡K程度。この値を目指していけば、快適な住環境を実現できます。

断熱性能の数値の意味を理解する

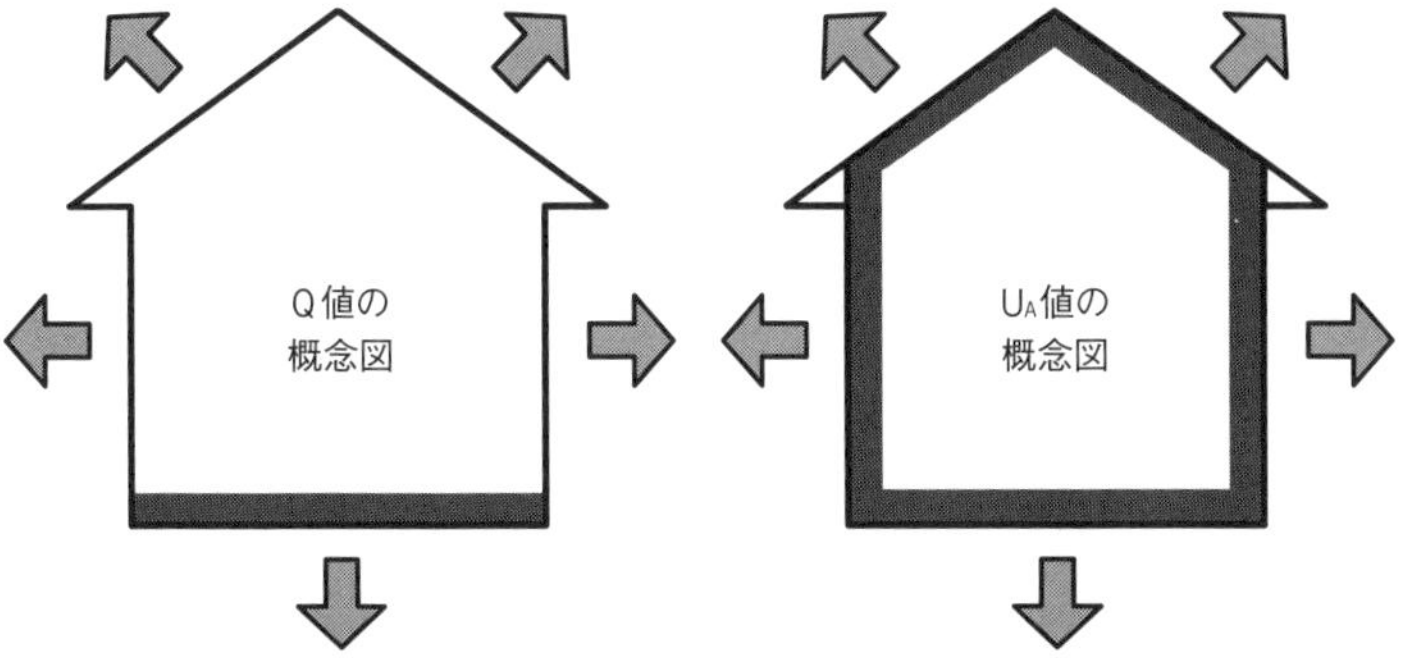
Q値の
概念図
UA値の
概念図

Q値＝（W/㎡K）

外皮からの
熱損失量の合計
＋換気による
熱損失量の合計
―――――――
床面積

熱損失により必要となるエネルギー量を
評価する指標

UA値＝（W/㎡K）

外皮からの
熱損失量の合計
―――――――
外皮表面積

外皮（壁・天井・床など）の断熱性能を
評価する指標

UA値からQ値を計算する方法は、おおよそ「Q値=2.67 x UA値 + 0.39」です。熱損失まで考慮しているQ値で家づくりを考えることをお勧めしています。私の目標の断熱性能は、Q値1.0W／㎡Kの家です。

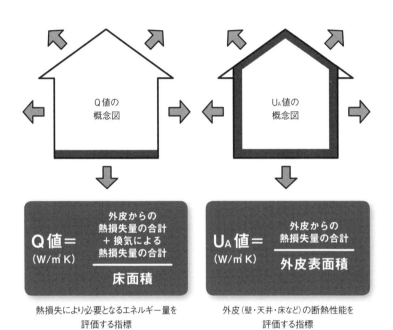

日本にあるさまざまな省エネルギー基準

住宅の省エネ化に関して、省エネ基準以外にもさまざまな基準や活動団体があるので紹介します。

［ZEH（ゼロ・エネルギー・ハウス）］読み方は「ゼッチ」です。ZEHは、住宅の断熱性能を上げ、省エネ設備（冷暖房機器、照明、24時間換気設備、給湯機など）を使った家です。加えて、太陽光発電などのエネルギーをつくる設備を導入して、「家で使う1次エネルギーがプラスマイナス0になる家」を指しています。これが経済産業省が主導して推進してきた助成金の基準です。

［HEAT20］読み方は「ヒート20」です。家の高性能化と住む人の健康維持と快適性アップのため、技術開発、評価手法、そして住宅の断熱化の普及啓蒙を目的とした団体です。HEAT20で定めた基準はG1、G2、G3の3段階に分かれています。

このようにいくつかの省エネルギー基準が乱立しているのが現況です。

ともあれ、住宅の高性能化が推進されていることに変わりなく、今後は住まい手も省エネ化に関する知識を得ることが必要になってきています。

私が推進しているQ値1.0の住宅は、ZEH住宅以上であり、HEAT20ではG3と同じ断熱性能レベルです。あくまで目標値であり、地域性もあります。目標は高くかかげ、理想の住まいを提案しているだけなので、Q値1.0を達成していない家（私の自宅）は快適ではないわけではありません。

目指すべき断熱性能は、Q値1.0(G3)

●断熱性能の目安となる基準値一覧表　U_A値(Q値)

各基準	地域区分							
	1	2	3	4	5	6	7	8
HEAT20 G3	0.20 (0.95)	0.20 (0.95)	0.20 (0.95)	0.23 (1.01)	0.23 (1.01)	0.26 (1.07)	0.26 (1.07)	—
HEAT20 G2	0.28 (1.15)	0.28 (1.15)	0.28 (1.15)	0.34 (1.3)	0.34 (1.3)	0.46 (1.6)	0.46 (1.6)	—
HEAT20 G1	0.34 (1.3)	0.34 (1.3)	0.38 (1.4)	0.46 (1.6)	0.48 (1.6)	0.56 (1.9)	0.56 (1.9)	—
ZEH +	0.30	0.30	0.40	0.40	0.40	0.50	0.50	—
ZEH	0.40	0.40	0.50	0.60	0.60	0.60	0.60	—
平成28年度 省エネ基準	0.40 (1.6)	0.46 (1.6)	0.56 (1.9)	0.75 (2.4)	0.87 (2.7)	0.87 (2.7)	0.87 (2.7)	—

出典:2020年を見据えた住宅の高断熱化技術開発委員会「HEAT20 外皮性能グレード」

ZEH＋は、HEAT20が定めるG2レベルと同等の断熱性能である。G2は、各地域において、冬の最低室温を13℃以上に保ち、暖房エネルギーを平成28年省エネ基準の住宅と比べて約30%以上削減できる家の断熱性能の基準値

G1とG3のQ値の値を見ると、2倍程度の差があります。2倍のエネルギーをかければ同じような快適な空間が得られると思われがちですが、表面温度の違いがあり、体感温度が変わります。そのため、暖めるのにエネルギーがより多く必要になります。

光熱費が高い家は、どんな家？

外からの見た目は同じ家でも、壁の中の断熱性能の高さで光熱費は大きく変わります。その理由を見ていきましょう。

光熱費が安い家は、断熱性能の非常に高い家です。断熱性能が高いので、熱が逃げにくく、いったん暖まってしまえば、少ないエネルギーで家中を快適に保つことができます。エアコンは快適な温度に設定したまま24時間運転でOK。

一方、光熱費が高い家は、断熱性能が低く、エネルギーを使いすぎる家です。断熱性能が低いので、どんなに暖めても熱が外に逃げてしまいます。また、リビングや寝室などの人のいる部屋だけでエアコンを運転し、各部屋で使用するため、たくさんのエアコンが必要です。エアコンを設置していない洗面所やトイレ、廊下などは、冬は寒く、夏は暑いため、家のなかで不快に感じることが多くなります。

また、ZEH＋や、G2程度の高い断熱性能の家で全館を暖房をすると、光熱費はH28基準に比べ1.5倍ほど増えます。理由は、28年度省エネ基準（Q値2.7）の家は約1.0kW／hのエネルギー量（※1）に対し、ZEH＋やG2クラスの（Q値1.6）の家は約1.6kW／h（※2）になるためです。それらに比べ、G3（Q値1.0）の家は0.6kW／h（※3）のエネルギー量になり、光熱費が安くなります（左図）。このように全館で空調を取り入れるなら光熱費を安く済ませられるように、断熱性能を非常に高くする必要があります。

※1:2.7(Q値)×40㎡(一部屋分の床面積)×16℃(温度差)−1.0kw(日射取得・内部発熱)≒1.0kW/h
※2:1.6(Q値)×100㎡(全館暖房時の床面積)×16℃(温度差)−1.0kw(日射取得・内部発熱)≒1.6kW/h
※3:1.0(Q値)×100㎡(全館暖房時の床面積)×16℃(温度差)−1.0kw(日射取得・内部発熱)≒0.6kW/h

Q値1.0の家は、快適で省エネ

断熱性能の低い家は、部屋中を暖かくするために、エアコンをフルパワーで稼働させないと寒いから、光熱費がかかる…。

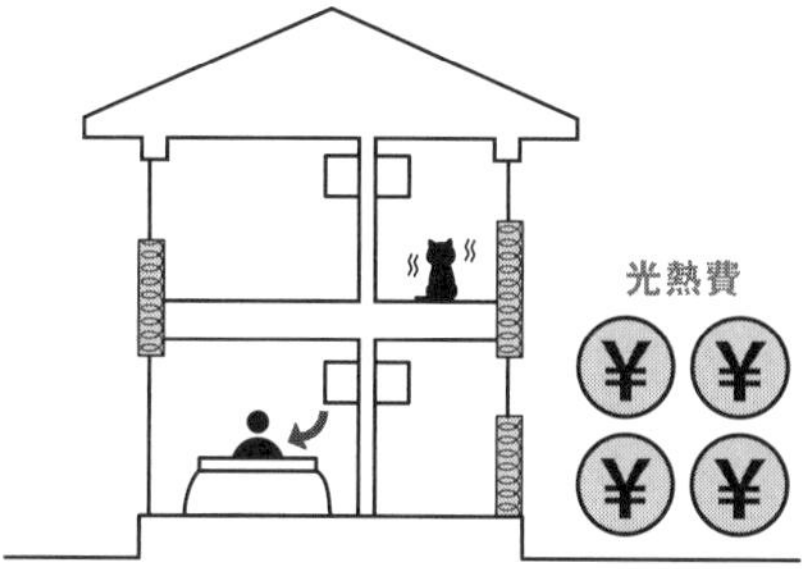
光熱費
¥ ¥
¥ ¥

平成28年度省エネ基準レベルの低い断熱性能の家

エアコンを複数台つけるので光熱費がかかる

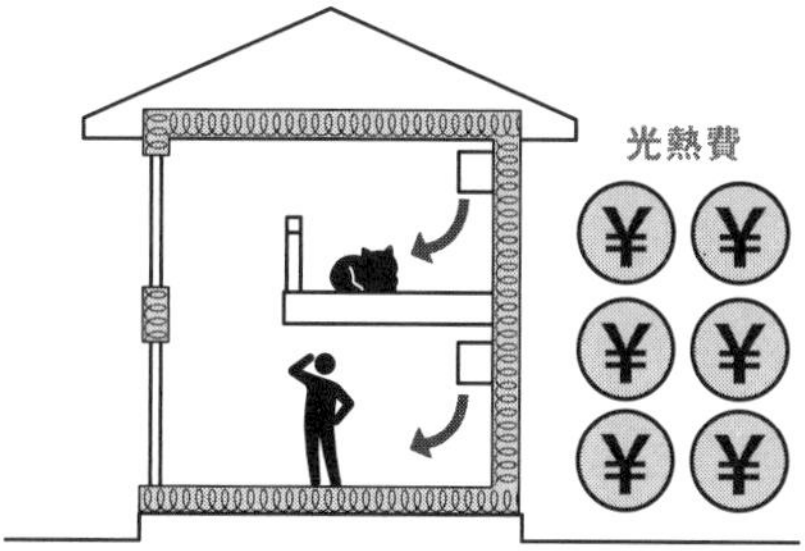
光熱費
¥ ¥
¥ ¥
¥ ¥

ZEH+や、G2クラスの高い断熱性能の家

全館で空調するとある程度熱が外に逃げるため、光熱費がかかる

断熱性能の非常に高い家は、部屋中が暖かくて光熱費もお得！

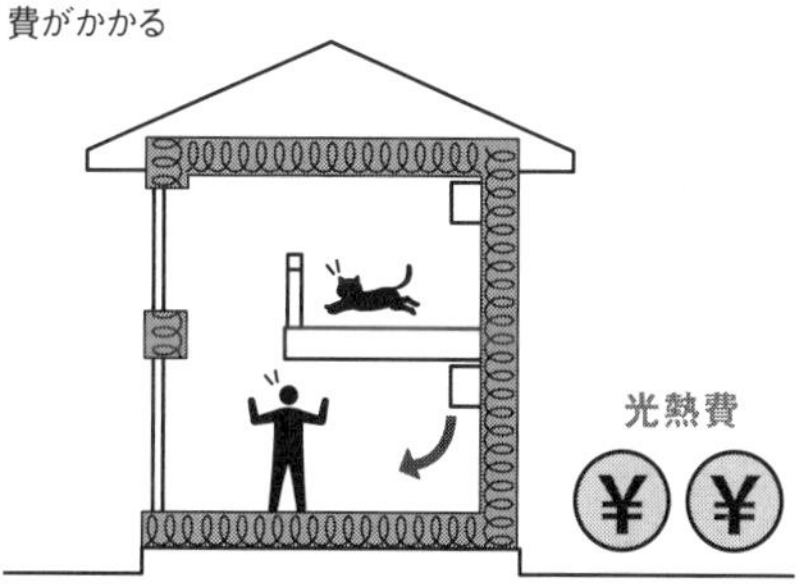
光熱費
¥ ¥

G3＝Q値1.0の非常に高い断熱性能の家

逃げる熱が少なく、光熱費もあまりかからない

充填断熱と外張り断熱

木造戸建て住宅の断熱工法には、大きく分けて2つの方法があります。ここではその特徴を説明しましょう。

●充填断熱工法　柱と柱の間に断熱材を隙間なく詰め込む工法です。日本の木造戸建て住宅で昔から使われてきた方法で、ほとんどの大工が施工でき、今でも多くの住宅が充填断熱工法で施工しています。使われる断熱材は、グラスウールなどの繊維質のものが多いですが、その素材はさまざま。羊毛や再生ペットボトルなどの環境に配慮したものもあれば、古新聞を繊維状にして機械を使って吹き込むセルローズファイバー、近年はウレタンフォームを発泡させて壁の中に充填する方法などがあります。工事費用まで含めたトータル費用は比較的安く済みますが、断熱材によって施工のしやすさが違ったり、隙間ができやすかったりするので、正しい施工には知識と細心の注意が必要です。

●外張り断熱工法　柱の外側にボード状の断熱材を張って、建物を断熱材で覆う工法です。充填断熱よりも断熱欠損を防げたり、気密がとりやすいため、全国で20年ほど前から採用が増えました。使われる断熱材は、主に発泡プラスチックのボード状断熱材です。厄介な壁内結露（61頁）が起きにくいというメリットがありますが、断熱材が分厚くなればなるほど、外壁材を柱に固定しにくくなり、断熱材と外壁材の選び方や施工に経験が必要になってきます。

断熱方法の良し悪しを知る

充填断熱工法

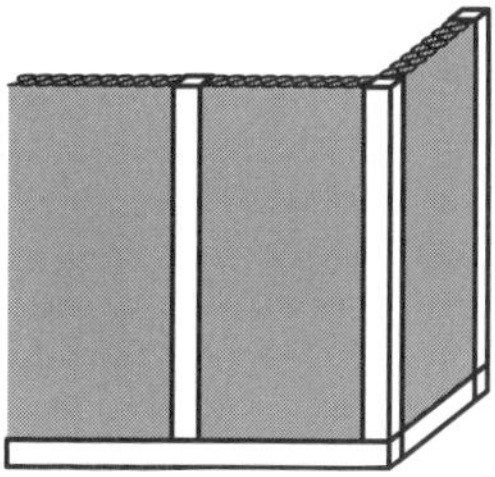

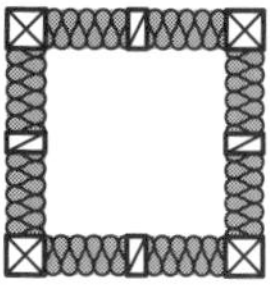

メリット

- 繊維系、現場吹付ウレタン、ボード系など、さまざまな断熱材を選択できる
- 繊維系断熱材を使えば、材料や工賃が安い
- 多くの物件で施工されているため施工者が慣れている
- 防火認定を多く取得しており、外壁材などを選びやすい

デメリット

- 繊維系断熱材の場合、壁体内結露を考えた断面構造にする
- 断熱材を押し込んで入れると、断熱性能がカタログ値の半分以下になる場合がある
- プラスチック系断熱材の場合、木材が乾燥して痩せると隙間ができる

外張り断熱工法

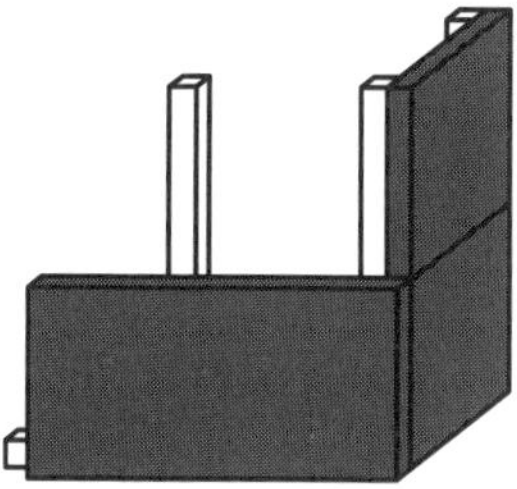

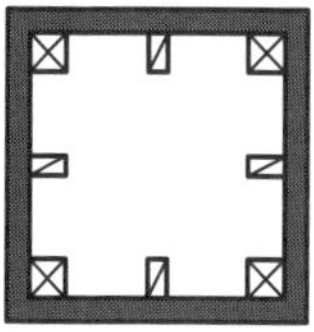

メリット

- プラスチック断熱材を使えば、壁内結露を防ぐことができる
- 気密が取りやすく、気密性能を上げやすい
- 施工時に断熱施工のチェックがしやすく、施工ムラが少ない

デメリット

- 防火認定が個別なので、外壁や断熱材、構造断面構成などが限定される
- 外壁のビスピッチを調整する必要がある
- 厚みの確保に限界があり、一定以上の性能を上げにくい

Q値1.0を目指すなら付加断熱工法

前頁で紹介した充填断熱と外張り断熱のほかに、近年、付加断熱工法を採用する住宅会社が増えてきました。簡単にいうと充填断熱したうえで、さらに外張り断熱もするという方法です。柱と柱の間だけ、もしくは外側だけと比べて、断熱性能が倍増するのは一目瞭然。高性能住宅を考えているなら、検討したい工法です。

壁の中と外の両方で断熱すると、それぞれのデメリットをカバーすることもできます。充填断熱の場合、柱や梁の木材部分の断熱性能が弱く（専門用語で「熱橋」と呼ばれています）、わずかですがそこを通って熱が外に漏れてしまいます。そこで外側から断熱材を張ることで、柱・梁から熱が逃げることを防ぐのです。また、外張りの断熱材を無理に厚くしたり、スペックの高いものを使ったりする必要がなくなります。徹底的に熱の漏れをなくすことで、まるで魔法瓶のような高い断熱性能を持った家が実現するのです。Q値1.0を目指した家づくりをする場合は、付加断熱工法でないと実現するのは難しいでしょう。

ただし、両方やるということは、そのぶん費用もかかります。また、付加断熱の工事をきちんと理解している住宅会社もまだまだ少ないのが現状です。たとえば、気密が低いと壁体内結露が起きる可能性があるなど、注意点は多々あります。断熱工法は、住宅会社によって推奨しているものが異なります。依頼するときには、どんな断熱工法を扱っているかを確認してください。

意外とお得な付加断熱

付加断熱工法

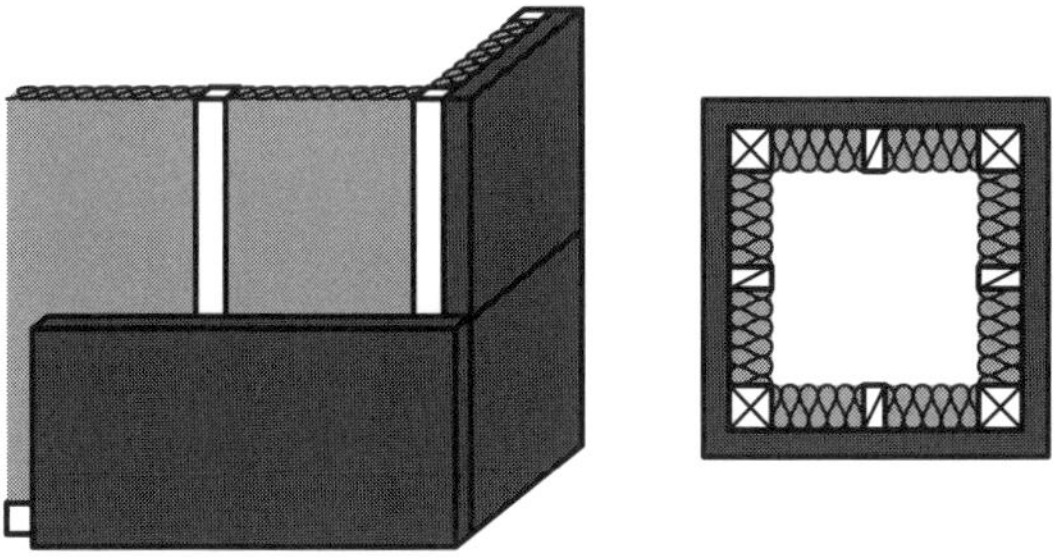

デメリット

- 防火認定が個別認定になっているため、外壁や断熱材、構造断面構成などが限定される
- 充填断熱材のデメリットも同時に発生するが、充填断熱は補助的な扱いとして考えると、充填断熱のデメリットよりは、外張り断熱のデメリットの内容の注意が必要

メリット

- 外張り断熱では、出せなかった高性能な断熱性能を出すことができる
- 外張り断熱同様、気密性能を出しやすい
- 断熱施工による欠損も起こりづらい

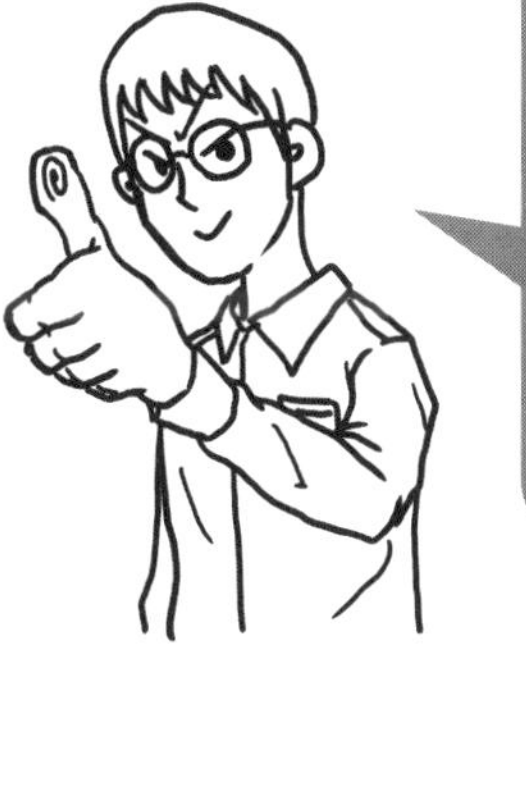

断熱・気密を上げるためには丁寧な施工が大切です。断熱材が入っていない部分があれば、結露しやすくなります。また、気密性能を高めることができません。現場監督者の知識と意識で、施工の品質も変わるので、タイミングがあえば、住宅会社の施工中の家を見せてもらうのもよいでしょう。

床断熱と基礎断熱の違い

断熱というと壁ばかりに目を向けがちですが、足元の断熱も大切です。部屋が暖かくても、足元が冷えると寒く感じてしまいます。家の足元の断熱方法には2種類あります。

●床断熱　1階の床下の寒さ・暑さが伝わらないように床の真下に断熱材を張る工法です。床下に湿気がたまらないように、昔の家は基礎に換気口をつくっていました。最近は基礎と土台の間にパッキンを置いて風通しをよくしています。そのため、床下は常に外気が通り抜ける状態ですから、床の断熱が必要なのです。日本の住宅の9割近くが床断熱でつくられ、施工精度も安定しています。しかし、立地条件や雨天時は床下の湿度が上がりやすく、床下の湿気が原因で床下で結露し、1階の床や土台が腐るなどの被害もあり、近年では基礎断熱を選ぶ会社も増えています。

●基礎断熱　基礎の立ち上がり部分に断熱する工法です。基礎を断熱材で覆うため、床下に外気が入ってきません。そのため床下の空間も室内と同じように扱うことができ、床断熱も不要になります。注意する点は、床下への水の浸入です。一度浸水してしまうと乾きにくく、床下がカビだらけになってしまうこともあり、工事の大きなやり直しをしなくてはなりません。

施工会社の考え方や経験、周辺の気候、立地、シロアリ被害など、さまざまなリスクも想定したうえで、選択しましょう。

足元の断熱性能を上げる

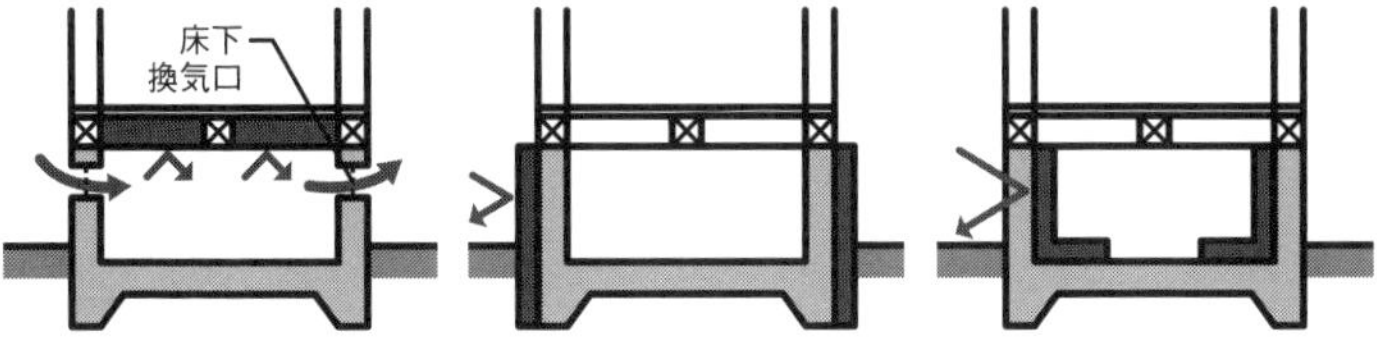

	床断熱工法	基礎断熱工法 基礎外断熱	基礎断熱工法 基礎内断熱
メリット	●昔からある工法なので、大きな欠陥が出ることが少ない ●施工者が慣れている	●床断熱に比べて、気密が取りやすい ●断熱材も比較的少なく、施工も複雑でないので、安定した性能が出しやすい	●シロアリを考慮した施工方法 ●基礎下に断熱が入るので、表面加工が必要ない ●床断熱に比べて、気密が取りやすい
デメリット	●湿地帯地域などでは、床下が高湿になりやすく、結露する場合がある ●配管貫通部などが多く、気密性能が出しにくい ●断熱性能が、基礎断熱に比べると若干下がる	●3つのなかで最もシロアリに注意する必要がある ●断熱材を地中に埋めるなど、地中に水分が多い場所では断熱材が吸水しないか確認が必要 ●断熱材をむき出しにできないので、表面処理が必要	●施工時に床下に水が入らないように施工に注意 ●断熱材に欠損部分が起こりやすいため、雪が積もる地域などでは断熱ラインに注意する

基礎断熱が薄い家では、積もった雪が基礎に接して溶けている場合があります。つまり、そこから熱が逃げているのです。特に床下エアコンなどする場合は、断熱材の厚みに注意する必要があります。

天井断熱と屋根断熱の違い

壁・足元ときたら、次は頭上の断熱も考えましょう。夏の2階の部屋には暑くていられないなんていうのも、頭上の断熱性能が大きく影響しています。その方法には、天井断熱と屋根断熱の2つあります。

●天井断熱 天井で断熱する方法です。小屋裏（天井裏の空間のこと）にグラスウールやロックウールを敷き詰める方法のほか、セルローズファイバーなどの断熱材を吹き込む方法もあります。天井の場合は、断熱材の厚みに制約が少ないので、断熱性能を上げることが容易です。屋根断熱と比べて施工に手間がかからないため、選ばれることが多いです。ただし、小屋裏空間は太陽の熱で蒸し風呂状態になるため、熱がこもらないように十分な換気の確保も同時に考えましょう。

●屋根断熱 屋根に使われている部材（垂木）の間に断熱材を充填する方法のほか、屋根部材の外側に断熱材を張る方法があります。小屋裏を生活空間として使う場合は、屋根断熱を選ぶとよいでしょう。ロフトにしたり、勾配天井の吹抜けリビングにしたり、憧れの空間をかなえてくれます。ただし、屋根の木材と木材の間に断熱材を施工する場合、木材が縮んだときに隙間ができ、暖かい空気が逃げてしまうことがあるので、防湿気密工事が必要となります。施工手間がかかるぶん、費用がかかります。デザインとの兼ね合いも考えながら、ベストな断熱方法を住宅会社にリクエストしてください。

夏場の2階の暑さを解消させる

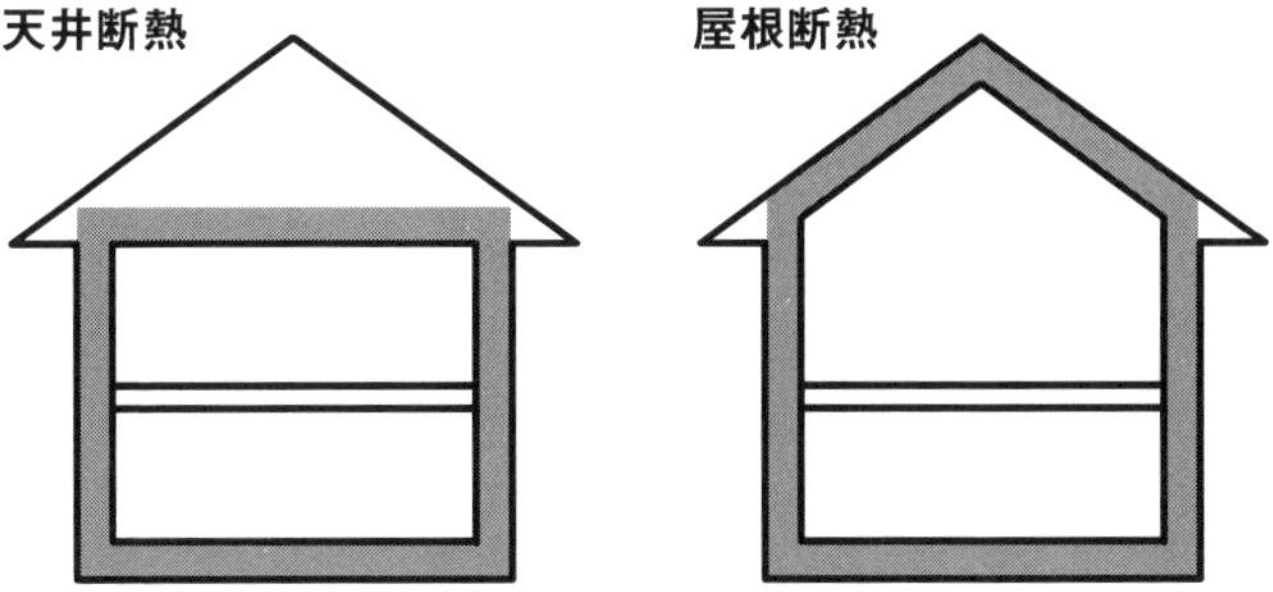

	天井断熱	屋根断熱
メリット	●コストの安いグラスウールやロックウールを敷き込むことで断熱ができる ●天井裏の空間に断熱材を敷き込むため、厚く施工することが容易にできる	●2重野地で断熱材を施工した場合、気密が取りやすい ●勾配天井を生かしたデザインができる ●小屋裏部屋や収納として空間を活用できる
デメリット	●小屋裏空間に熱がこもった場合、暑さが逃げにくく、夏場の夜間に畜熱された熱が室内に伝わってくる ●気密が取りづらい	●外張り断熱や、垂木間断熱など施工に手間がかかるため、費用が上がる ●垂木間に断熱した場合、断熱と垂木の間の隙間ができやすく気密が取りづらい

豆知識

小屋裏の熱気対策

屋根断熱をして、なおかつ天井がある場合、小屋裏は断熱材で囲まれているため、熱が逃げにくく、溜まりやすくなります。小屋裏に溜まった熱は、輻射熱として小屋裏下の部屋に伝わります。小屋裏に熱が溜まらないように、換気を設けたり、空調を設置したりする対策を行うことが大切です。

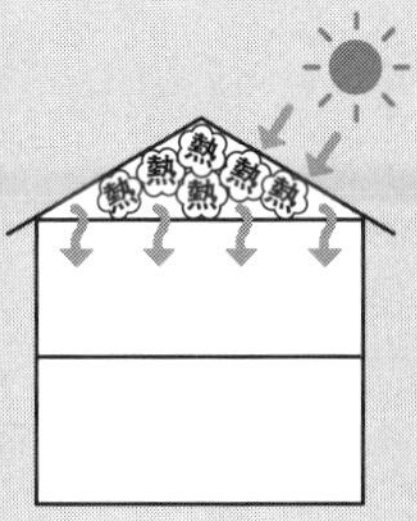

断熱施工の肝は断熱・気密ライン

断熱施工には「断熱ライン」と呼ばれる考え方があります。断熱ラインとは、基礎・壁・屋根の断熱材を結んだ線のこと。熱が逃げにくい環境をつくりあげるためには、断熱材が一筆書きのようにつながっている必要があります。断熱ラインがつながっていれば家がぐるりと断熱材で覆われた断熱効果の高い家です。

気密ラインも同様に、断熱ラインの内側に一筆書きになるように施工します。断熱ラインの外側に一部でも湿度を通さない気密シートを施工すると、壁体内結露を起こす原因になるのでNGです。たとえると、セーターの上にビニールカッパを着た状態です。汗が外に出ていかず蒸れているイメージをすると分かりやすいです。

高断熱・高気密の家と称した建物をつくっていたとしても、断熱・気密ラインが正しく施工できていなければ、壁の内側に冷たい空気が入り込んでしまいます。また、家のなかの熱も逃げてきてしまいます。快適な温度を保つことができません。断熱材の上には透湿し防水するゴアテックスのような素材で覆い、水蒸気がこもらないようにしましょう。

この断熱・気密ラインの確保に断熱材の種類は問われません。充填断熱工法、外張り断熱工法、付加断熱工法のどれを使っても実現できます。ちなみに基礎断熱の場合は、地中（土）を断熱材とみなすため、地面を断熱ラインとして考えることができます。

間違えやすい断熱・気密ラインをチェック

ルーフバルコニーは建物の外側なので、断熱・気密ラインに含まれない

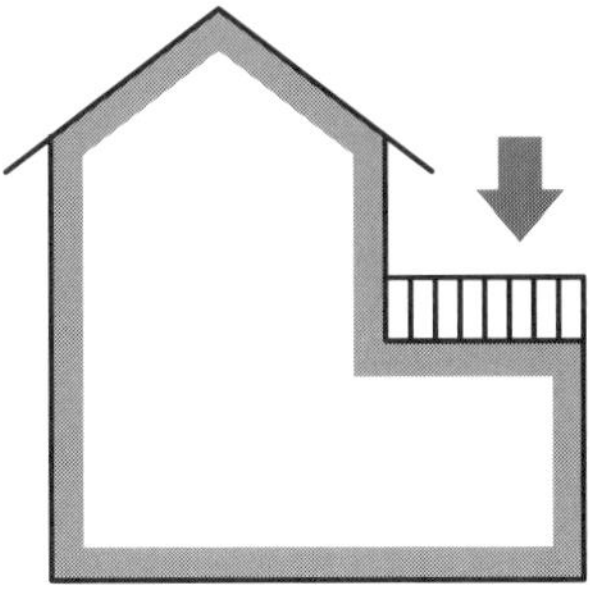

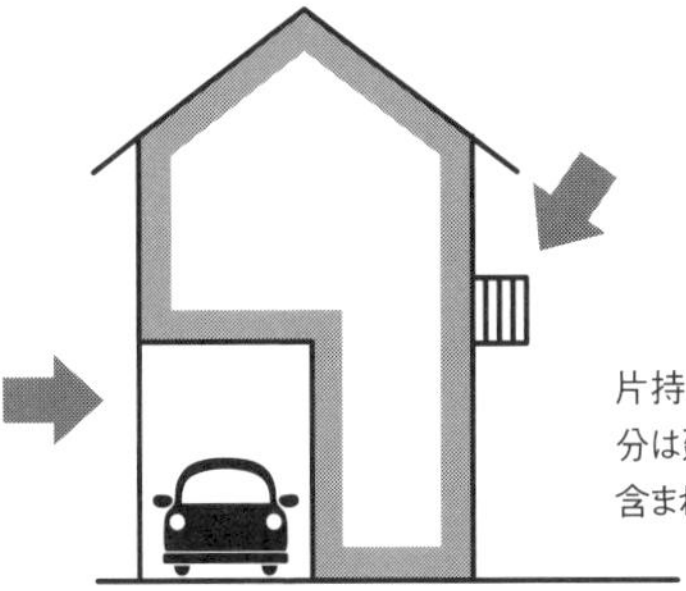

片持ちバルコニー部分やオーバーハング部分は建物の外側なので、断熱・気密ラインに含まれない。シャッターをつけても屋外である

建物の形状が複雑になるほど、断熱・気密ラインも複雑化します。シンプルな形状の家のほうが、施工の質を高く保つことができます。

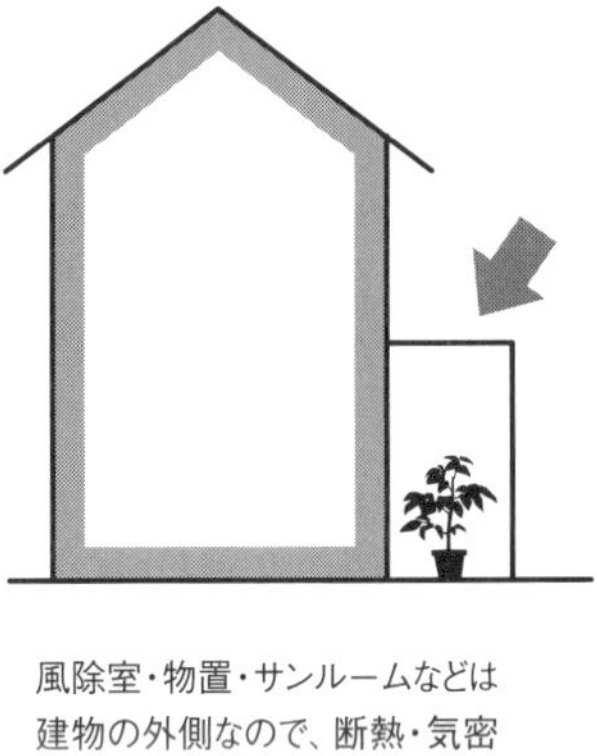

風除室・物置・サンルームなどは建物の外側なので、断熱・気密ラインに含まれない

施工の知識不足はトラブルのもと

壁の断熱施工には3つの方法があることを50〜53頁でお話ししました。それぞれの施工において注意すべき点があり、いい加減な施工をされていると将来痛い目に合うことになります。ここでは、壁で起こりうるリスクを紹介します。

●外張り断熱のリスク　柱の外側に断熱材を張り、さらに重たい外壁材を施工していきます。そのため、外壁材を支える釘・ビスの選び方や、施工方法を間違えると、外壁を支えることができず、外壁材が垂れ下がって、つなぎ目が割れるなどのトラブルが起きてしまいます。そのため、ビスの種類とビスの長さ、太さ、外壁材の重さからビスを打つ間隔を計算し、正しく施工することが大切です。

●充填断熱・付加断熱のリスク　壁の中で結露する「壁体内結露」に最大の注意を払います。壁のなかの結露ほど手に負えないものはありません。壁を一度壊さない限りは直せませんし、結露した水が乾かずにたまっていけば、構造強度に関わる木材が腐ったり、シロアリ被害が起きたりと、住宅の寿命を短くしてしまいます。

外張り断熱、充填断熱、付加断熱と、どの断熱工法も、いい加減な施工はトラブルのもとで、壁だけでなく床下や小屋裏、屋根、ベランダでも内部結露の可能性があります。手抜き工事でなくても、施工に関する知識不足は家の寿命に関わるので、住宅会社だけでなく、住む人も正しい知識をもちましょう。

壁体内結露は押し入れの湿気と同じ

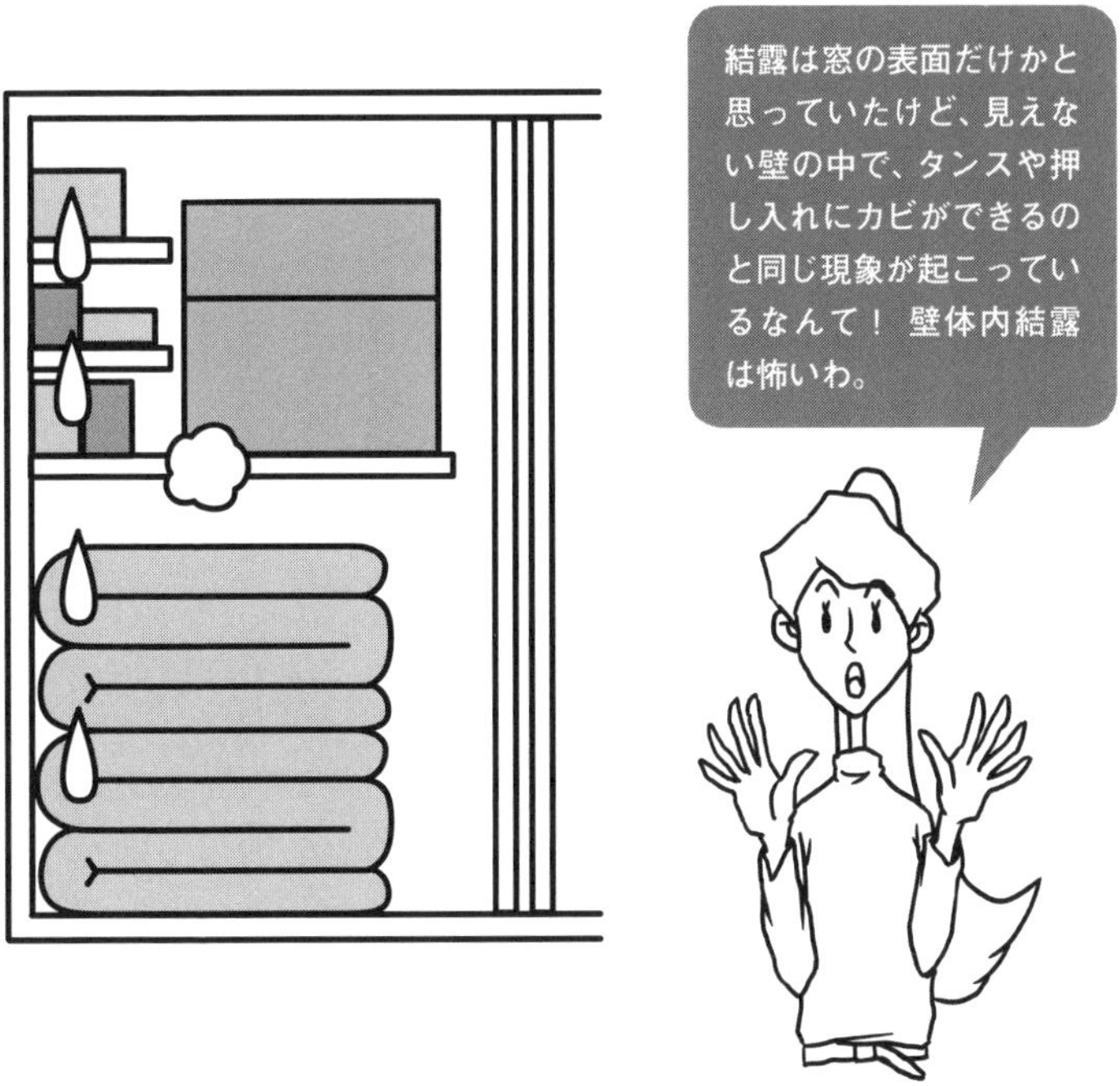
結露は窓の表面だけかと思っていたけど、見えない壁の中で、タンスや押し入れにカビができるのと同じ現象が起こっているなんて！ 壁体内結露は怖いわ。

豆知識

壁体内結露とは?

壁体内結露は、押入れの奥の壁や布団にカビが発生していることと同じ現象です。たとえると、押入れの奥の薄いベニアの壁は、壁の中の構造用合板で、押入れの布団は、壁の中の繊維系断熱材です。冬場、水蒸気をたっぷり含んだ室内の暖かい空気が布団の中に入り、外気にさらされて冷たくなった押し入れ裏の壁付近で、結露が発生しカビてしまうのです。タンスの裏にカビが発生しているのも、同じ理由です。ちなみに、新潟などの寒い地域では、結露対策の知恵として、押入れは外壁側につくらない、タンスは外壁側に置かないなどのルールがあります。

高断熱住宅にお勧めの断熱材

家にどのような断熱材を使うのかは住宅会社によって違います。日本の住宅で最も多く採用されてきたのは、グラスウールです。施工のしやすさと手ごろな価格帯がその理由です。素材は細いガラス繊維を綿状にしたもので、繊維間の空気が動かないことで暖かさを保ちます。

家電の緩衝材と同じ素材を使ったポリスチレンフォームと呼ばれる断熱材もあります。弾力があるので、復元力が優れています。ポリスチレンフォームなどの石油系の断熱材は紫外線に弱い欠点があります。トップクラスの断熱効果を求める人にはコスト的には高くつきますが、高性能フェノールフォームがお勧めです。板状の断熱材です。隙間を埋めていくタイプの断熱材もあります。

ウレタンフォームはウレタンを現場で吹き付けて泡状のムースのように膨らませて隙間を埋めていく断熱材。また、セルローズファイバーは古い新聞紙を粉々に砕いて断熱材にしているものです。現場で隙間を埋めるように吹き込んで施工します。重みで沈むという欠点がありますが、しっかりと壁のなかに断熱材を吹き込むことで防げます。

このようにさまざまな断熱材がありますが、それぞれにメリット・デメリットがあるので、特徴を知り、住宅会社と一緒に選んでいきましょう。また、断熱材も時が経てば断熱性能が落ちます（左図）。10年経ったころには性能が1割ほど落ちていることを見越して、建物の性能を上げておくとよいでしょう。

自分に合った断熱材を選ぼう

●断熱材（50㎜厚）の25年後の熱抵抗値の比較

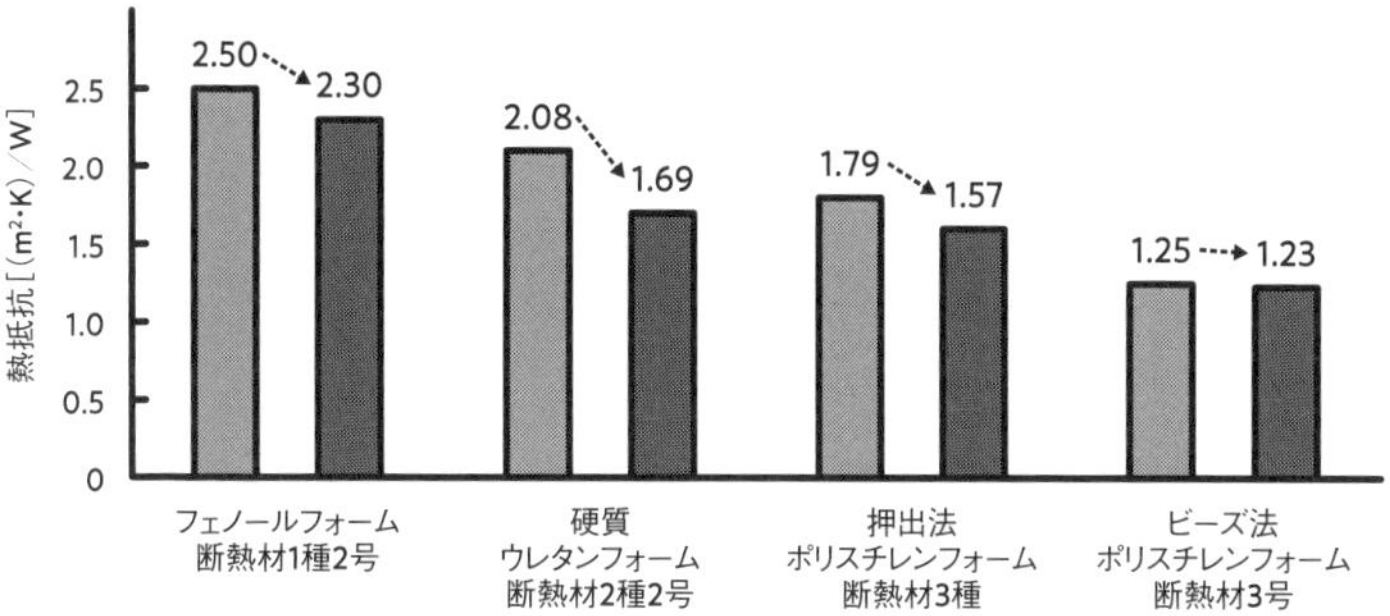

どの断熱材も年数が経てば、1～2割程度性能が落ちることが分かる

参考：旭化成建材HP

出典：（財）建築環境・省エネルギー機構「住宅の省エネルギー基準の解説（第3版）」

●断熱材の性能一覧表

	耐熱性	耐火性	耐水性	耐圧性	透湿性	防蟻性	性能劣化	再生	費用
グラスウール	△	○	×	×	○	○	◎	△	◎
ロックウール	△	◎	×	×	○	○	◎	△	◎
ポリスチレンフォーム	○	×	◎	◎	×	△	○	◎	○
ウレタンフォーム	○	×	△	○	△	△	×	△	△
フェノールフォーム	◎	○	○	○	△	△	◎	×	×
セルローズファイバー	△	○	△	×	○	○	◎	○	△

※この表は目安です。同じ原料でも性能の違いがあるので、メーカーのカタログなどで確認しましょう

断熱材は1カ所に集中させない

断熱性能の話のなかに「窓が肝」というフレーズがよく書かれていますが、せっかくの家づくりですから窓以外にも注目したいもの。住宅の断熱はチーム戦をイメージして進めていきましょう。

住宅の断熱施工のたとえ話をお話しします。9人編成の少年野球チームと、たった1人のプロ野球選手が真剣勝負をしたとします。みなさんはどちらが試合に勝つと思いますか? いくらプロ野球選手でも、たった1人で試合に挑むことはできませんよね。そのプロ野球選手がどんなに優秀な投手だとしても、打たれてしまったときに守備をするメンバーがいなければ試合になりません。

これはあくまでもたとえですが、チーム戦のように協力し合って力を高めていくことは家の断熱も同様なのです。窓だけに高性能なものを入れたとしても、それだけでは断熱力に欠けます。壁だけ、床だけ、天井だけ……と、どれか1カ所に断熱材を集中させる方法はバランスが悪く、結果的に断熱材が入っていない部位から熱は逃げていってしまいます。結露の原因にもなります。

断熱性能の質は、100点満点の断熱性能で覆い尽くすのが理想ですが、コストも施工技術も、そして時間もかかってきます。100点を目指して、結果80点の断熱性能となるチーム戦のほうがよりよいでしょう。たとえに出した少年野球チームのイメージでOne for all, all for oneの心構えで断熱性能をバランスよく高めていきましょう。

断熱材はまんべんなく入れる

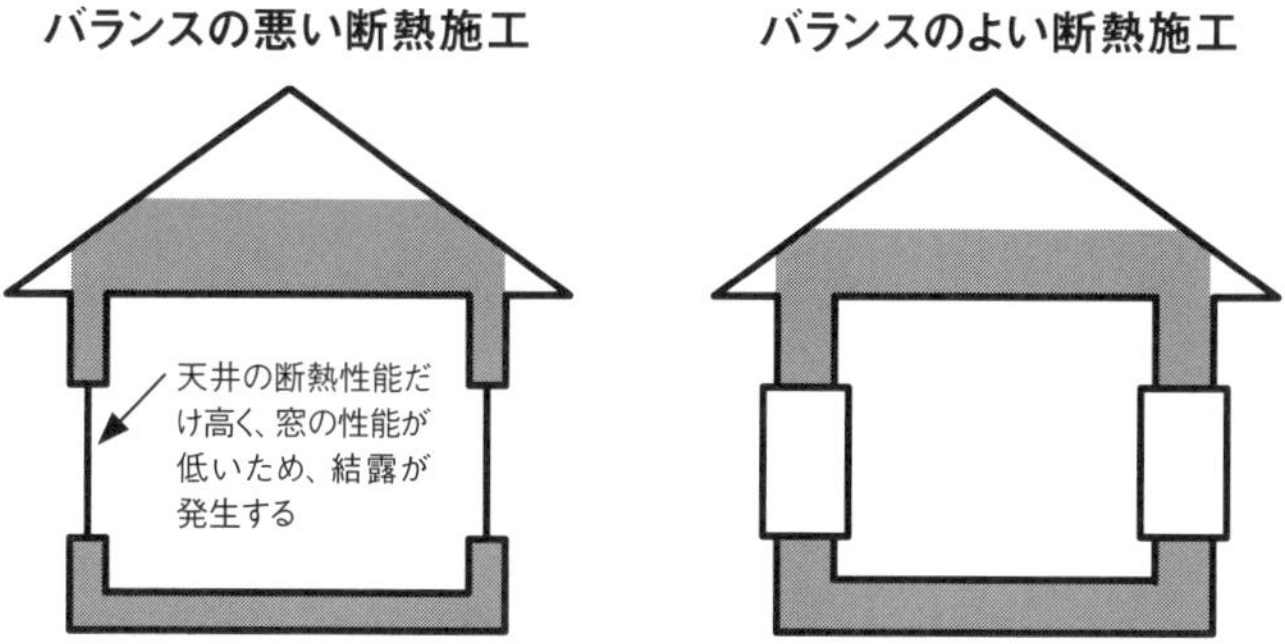
バランスの悪い断熱施工
バランスのよい断熱施工
天井の断熱性能だけ高く、窓の性能が低いため、結露が発生する

●断熱材の厚みと熱貫流率

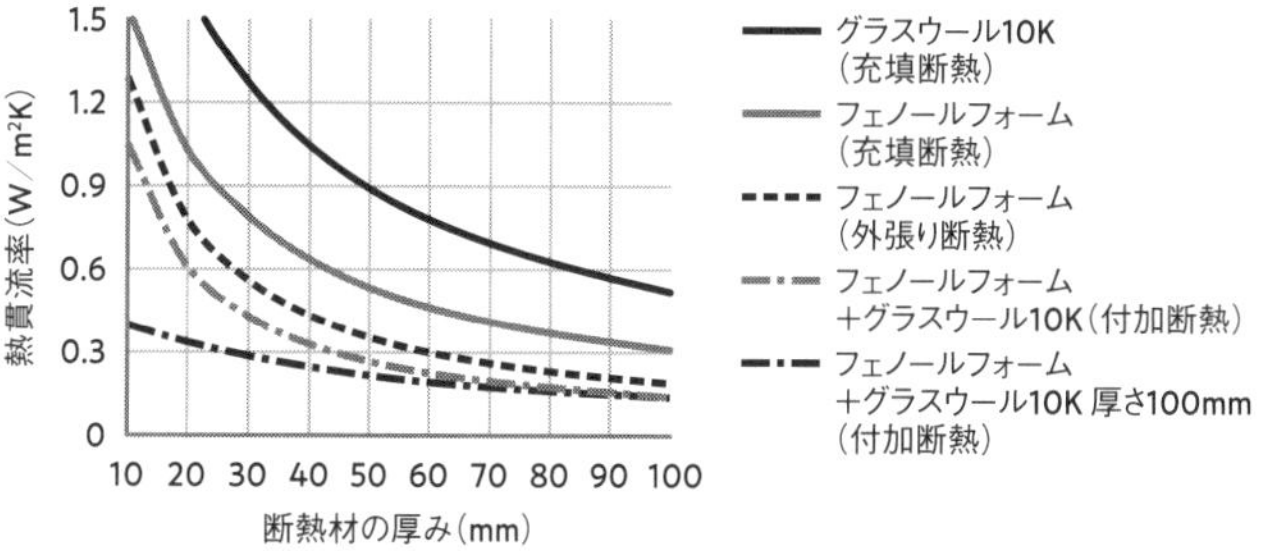
熱貫流率（W／m²K）
1.5
1.2
0.9
0.6
0.3
0
10 20 30 40 50 60 70 80 90 100
断熱材の厚み（mm）
グラスウール10K（充填断熱）
フェノールフォーム（充填断熱）
フェノールフォーム（外張り断熱）
フェノールフォーム＋グラスウール10K（付加断熱）
フェノールフォーム＋グラスウール10K 厚さ100mm（付加断熱）

熱貫流率は、小さくなるほど断熱性能が高いことを示す。グラフより断熱材がある程度の厚みを超えると熱貫流率は大きく変わらないことが分かる

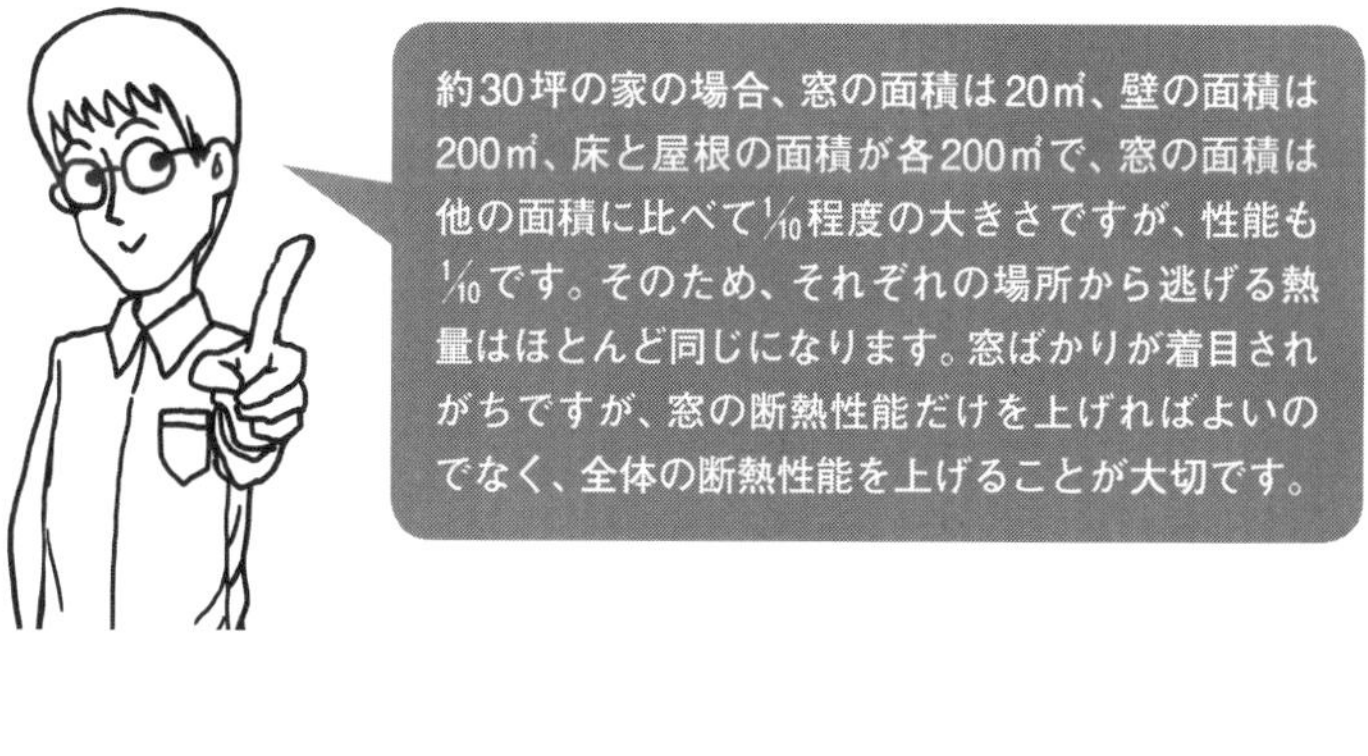
約30坪の家の場合、窓の面積は20㎡、壁の面積は200㎡、床と屋根の面積が各200㎡で、窓の面積は他の面積に比べて1/10程度の大きさですが、性能も1/10です。そのため、それぞれの場所から逃げる熱量はほとんど同じになります。窓ばかりが着目されがちですが、窓の断熱性能だけを上げればよいのでなく、全体の断熱性能を上げることが大切です。

窓は面積の割に熱の出入りが大きい

「窓からの熱の出入りは大きい」と聞いたことがありませんか？ 実際は、「壁」「窓」「その他の床、天井、換気」のそれぞれから、約3分の1ずつ熱は逃げていきます。窓は面積の割に熱の出入りが大きいので、対策を考えていきましょう。窓の断熱性能は、サッシ・ガラス・開閉方法で検討します。

●サッシ　サッシの素材は、アルミと樹脂と木の3種類があり、断熱性能もこの順番で高くなります。アルミサッシが冬に結露でびっしょりになるのは、外の寒さで冷やされたアルミが、室内側の暖かい空気に触れて結露するのです。サッシは熱を伝えにくい樹脂や木製、アルミ樹脂複合のものを選ぶとよいでしょう。

●ガラス　ガラスは、まず枚数で選びます。一般的には単板ガラス、ペアガラス、トリプルガラスがありますが、Q値1.0の住宅を目指すのであればトリプルガラスを選びましょう。イニシャルコストはかかりますが、光熱費が抑えられるので、思い切ってお金をかけるべき場所だとアドバイスしておきます。

●開閉方法　日本の住宅でよく使われているのが引違い窓ですが、これと比較して断熱・気密性能が高い「縦すべり窓・横すべり窓・FIX窓」がベターです。引違い窓は、動く部分にゴムパッキンなどの素材が多く使われており、十数年すると劣化し、断熱・気密性能が低下してしまいます。勝手口などに付いている上げ下げする通風窓も性能が低いので注意してください。

窓の面積で快適性が変わる

窓面積率（床面積比）の適値

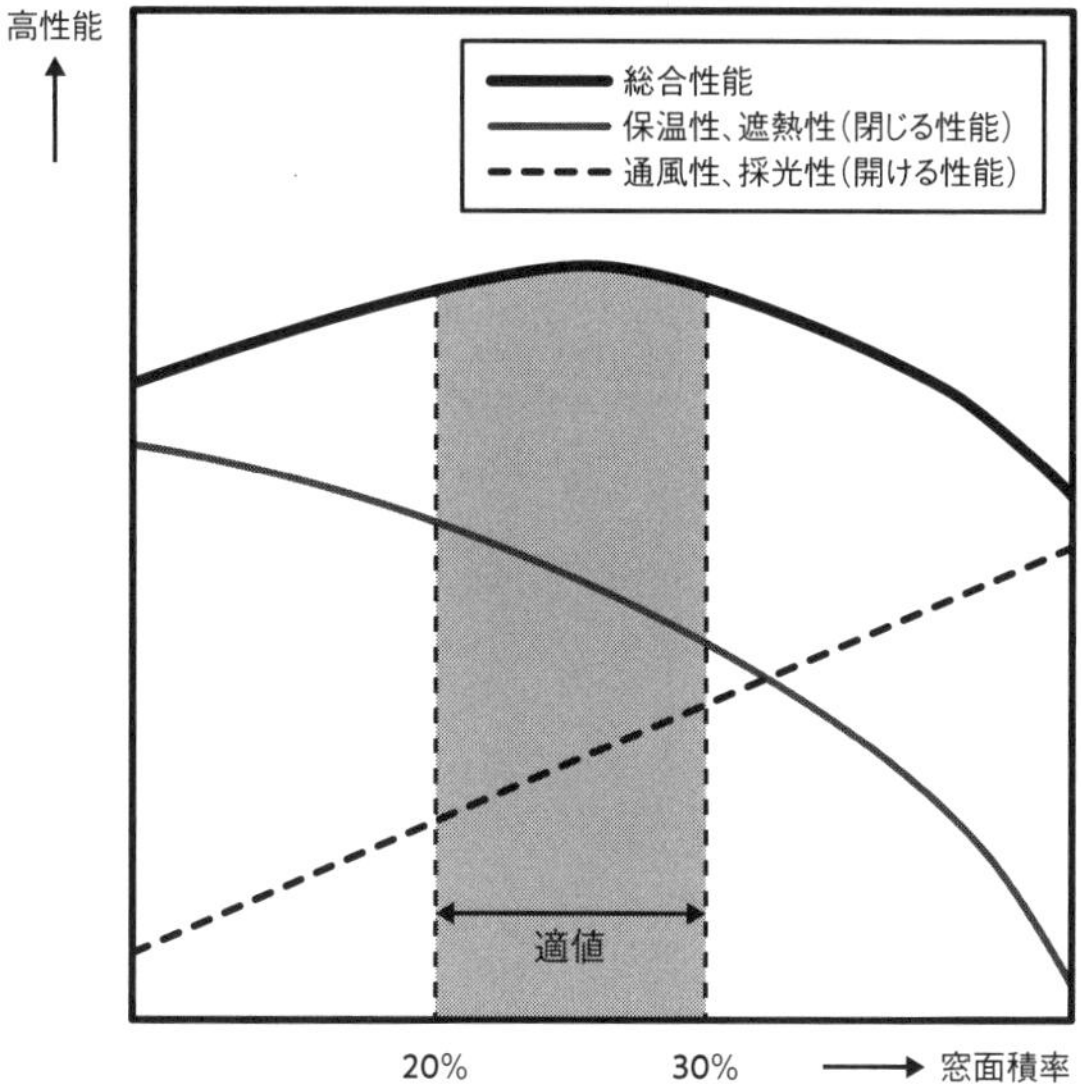

窓が大きいと熱が逃げる量が増え、逆に窓が小さすぎると室内が暗くなる。グラフから、窓の最適な面積は家の面積に対して20～30%程度であることが分かる

出典:1998年11月号建築技術「次世代省エネルギー基準とエコハウス 東京大学大学院教授 坂本雄三」

豆知識

Low-Eガラスとは？

複層ガラス内では、放射・対流・伝導の3種類の熱伝達が起きています。それを防ぐために、ガラスに断熱性能を高めるLow-E加工がされています。Low-Eとは、ガラスの表面に特殊金属膜をコーディングしたもので、紫外線を反射し、放射による熱の移動を抑えてくれます。太陽の日射熱を50%以上カットするので夏は涼しく、冬は暖房の熱を外へ逃がしません。冷暖房効率をアップするだけでなく、紫外線も大幅にカットし、家具やフローリングなどの退色も抑えてくれます。

夏は日射遮蔽で熱を入れない

断熱性能が高い家では、夏場の日射をコントロールが重要です。主にカーテンやブラインドなどを窓の内側に取り付けて日射をコントロールする方法と、すだれやオーニング、外付けブラインドなどを窓の外側に取り付けて日射を遮蔽する方法があります。

日射を効率よく遮るには、後者の「窓の外側」に取り付けるほうが有効です。家のなかに熱を入れにくいので、より涼しい空間がつくれます。ブラインドで比較すると、室内ブラインドは日射を約3割カットするのに対し、外付けブラインドは約8割カットするというデータもあります。さらに、電動の外付けブラインドであれば、家にいなくても自動操作ができたり、防犯対策ができたり、通風可能なものもあります。すだれや内付けブラインドと比べるとかなり高価ですが、設置する価値はあります。

また、夏場ならではのグリーンカーテンもお勧めです。グリーンカーテンは夏の一番暑い時期に向けて葉が大きくなるものを選びましょう。徐々に日陰も大きくなります。キュウリやゴーヤなどの実が大きく育つ植物は、自家製の採れたて野菜も食べられて、夏の楽しみも倍増します。

ただし、日射遮蔽をしてもまったくエアコンを使わないのは年々暑さが増す日本では難しいでしょう。夏場の嫌な湿気も冷房を使うことですぐにやわらぐので、日射遮蔽とエアコンの冷房、除湿をうまく使いましょう。

夏の日射対策は窓の外側で

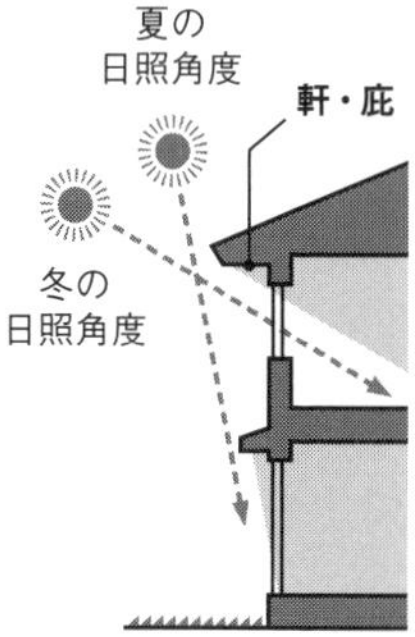
夏の
日照角度
軒・庇
冬の
日照角度

軒・庇

- ○ コストがかからない
- ○ 手間がかからない
- × 密集地では軒を出せない
- × 低い角度の日射は防げない
- × デザインに制約がある

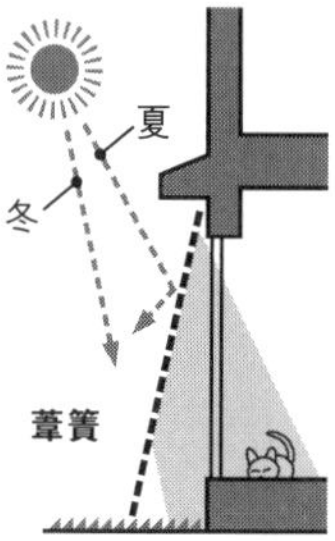
夏
冬
葦簀

葦簀《よしず》

- ○ 価格が安い
- ○ 通風もそれなりにとれる
- × 出し入れに手間がかかる
- × 3年程度でぼろぼろになる
- × 強風時には撤去するなどの手間がかかる

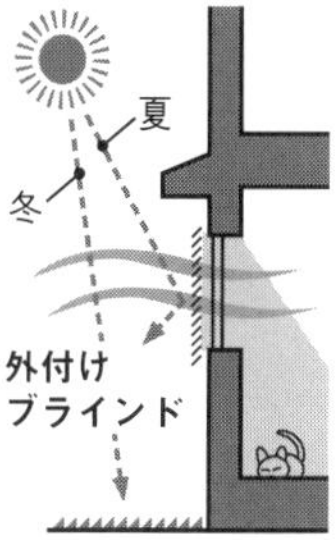
夏
冬
外付け
ブラインド

落葉樹

- ○ それなりに日射を防げる
- ○ 風情がある
- × 手入れに手間がかかる
- × 植える場所が必要

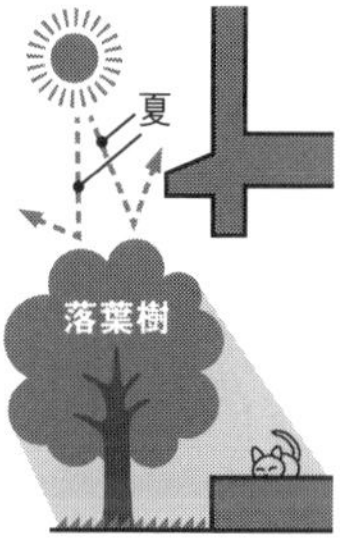
夏
落葉樹

外付けブラインド

- ○ 確実に日射を防げる
- ○ 通風も確保できる
- ○ 耐候性が高い
- ○ 操作性が高い（電動の場合）
- × 価格が高い
- × 潮風が吹く場所は要注意

夏場は日射をうまく遮って、エアコンの冷房費を抑えましょう。

冬は日射をうまく取り入れる

Q値1.0をかなえた非常に高い断熱性能の家をつくると、冬場は無暖房で過ごせる可能性がでてきます。どのような仕組みなのかをここで説明していきます。

冬場は、夏場の敵であった日射が味方になってくれます。断熱性能が非常に高いので、窓から入ってくる日射熱を部屋のなかにどんどん保温してくれます。特に日射がよく入る南側の軒や庇の長さを調整し、夏の日射を遮りながら、冬の日射を取得できるように設計者に計算してもらうとよいでしょう。また、人の体や家電製品から発生する熱も部屋を暖めてくれる熱エネルギーになります。日中にたまった熱は、夜になってもずっと保たれるので、無暖房がかなえられるのです。

ただし、断熱性能の非常に高い家には、冬場のオーバーヒートという課題があります。寒い家に住んでいる人にとっては贅沢な悩みなのかもしれませんが、超高断熱住宅にすることで部屋のなかが暑くなりすぎてしまうことがあります。窓を開けて熱を逃がせばよいのですが、同時に室内の水蒸気が逃げてしまい過乾燥になってしまいます。ですので、温度が上がりすぎたときは、夏と同様に窓の外側での日射遮蔽ができるような工夫が必要です。軒や庇など、日射が調節できないものだけではなく、オーニングや外部ブラインドなど、住まい手が日射を調整できるものがお勧めです。

このように、冬の日射をうまく取り入れれば、電気代のかからない省エネな暮らしができます。

冬の日射熱で室内を暖める

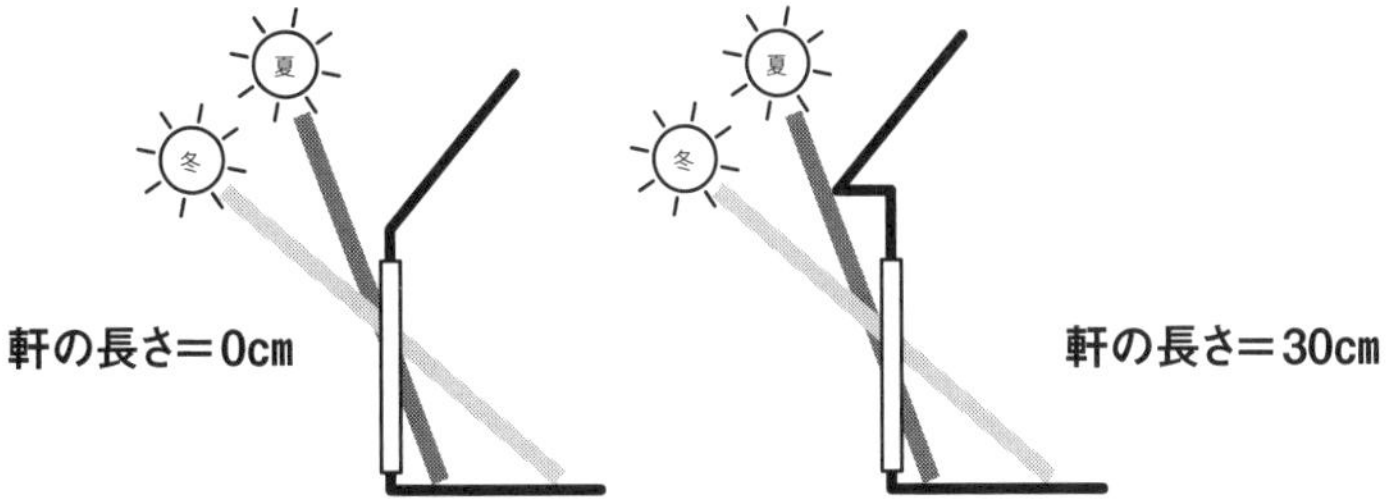
夏
冬
軒の長さ＝0cm
夏
冬
軒の長さ＝30cm

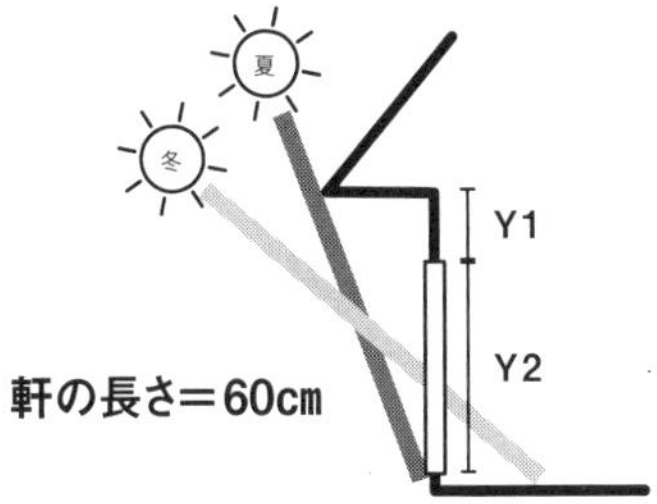
夏
冬
Y1
Y2
軒の長さ＝60cm

真南の軒の長さを設計するときの最適値は、軒の下側から窓の上部までの高さ(Y1)と、窓の高さ(Y2)の合計値の3～4割程度である。最適な軒の長さであれば、夏は日射を遮り、冬は日射を程よく取り込むことができる

ガラスには熱を逃がしにくい「断熱タイプ」と、日射を遮る「遮熱タイプ」があります。私は、夏場の日射を気にするばかりに遮熱タイプを自分の家で選びましたが、冬場の日射も防いでしまい暖かさを感じません。軒で夏場の日射遮蔽はできていたので、断熱タイプのガラスを選んで冬場に日射を得られるように設計すればよかったと後悔しています。

高齢者の死亡事故の8割は「住宅」

家のなかの急激な温度差によって血圧が大きく変動し、心筋梗塞、脳梗塞といった恐ろしい体の変化を引き起こすことを「ヒートショック」といいます。ご高齢の方に多いといわれており、ご高齢の方の死亡事故の8割は住宅で起きているというデータもあります。ご高齢の方だけでなく若い方にもヒートショック死は起きていますので、家の中の温度ムラには注意してください。厚生労働省人口動態統計によると、バスルームでの溺死の数は交通事故で亡くなる方よりもはるかに多くなっています。

最近、ピンピンコロリ、ネンネンコロリという言葉がよく使われるようになりました。ピンピンコロリは、健康寿命の長さを言い表した表現で、「健康上の問題で日常生活が制限されることなく生活できる期間」を示します。ネンネンコロリは、健康を損ない、寝たきりになったり、介護が必要になったりした状態を示します。厚生労働省によると、2019年時点の平均寿命は、女性が87.32歳、男性が81.25歳でした。一方、16年時点の健康寿命は、女性が74.79歳、男性が72.14歳で、平均寿命と比べると大きな差があります。

ヒートショックで脳梗塞が起こり、寝たきりになってしまった場合は、ネンネンコロリです。寝たきりのネンネンコロリより、ピンピンコロリで最後まで健康的に過ごせるように、家の性能を考えることが大切ではないでしょうか。

住宅での事故を減らすには？

住宅で起こりやすい不慮の事故

1位：溺死および溺水	2位：窒息	3位：転倒・転落

東京都の平均気温と23区内における入浴中の死亡者数（平成26年度速報値）

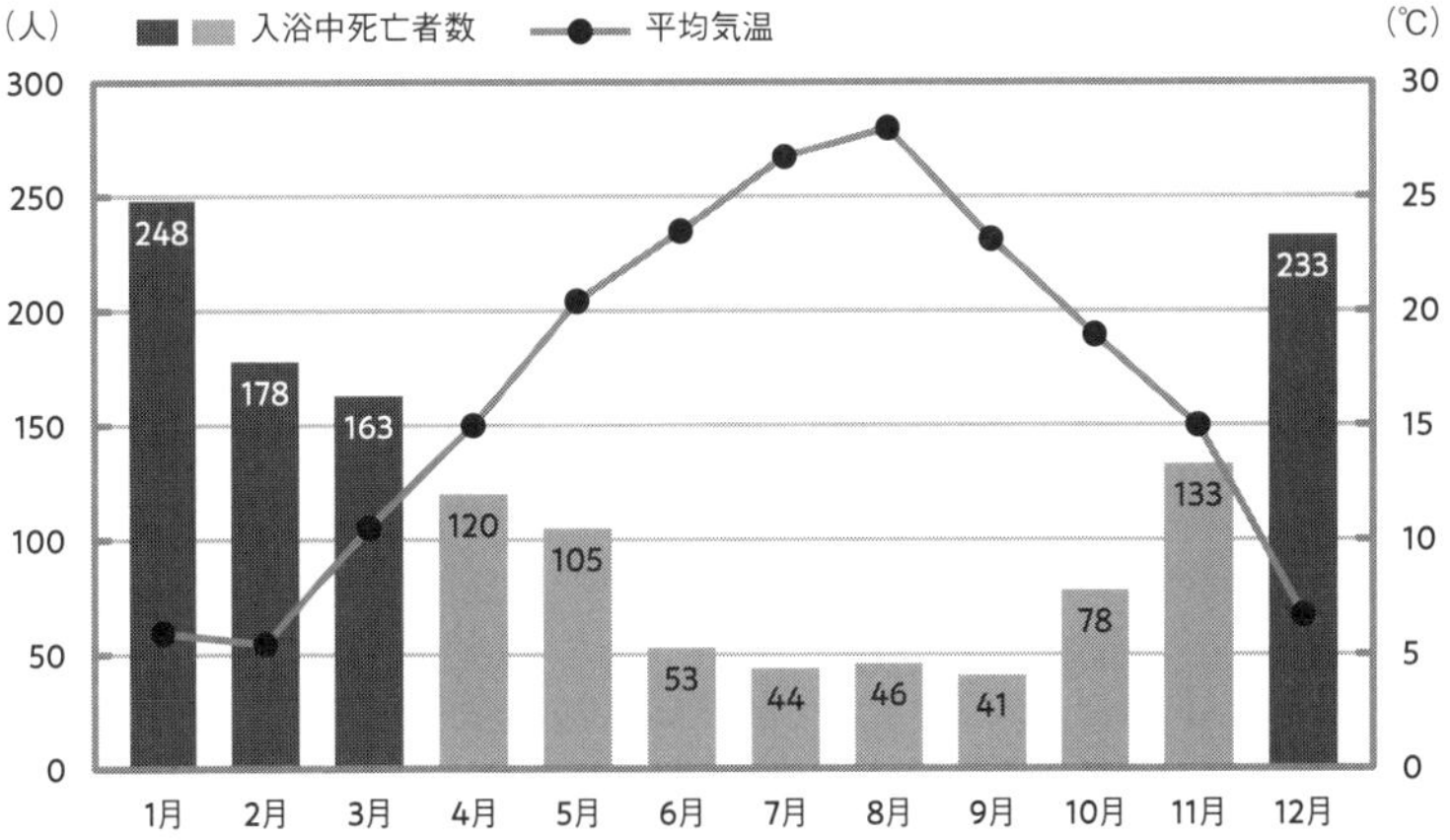

出典：東京都監察医務院「東京23区における入浴中の事故死の推移」（平成26年度速報値）および気象庁「過去の気象データ検索」からの平成25年年気温データをもとに東京ガス都市生活研究所が作成

豆知識

ヒートショックの原因

家庭内の事故で一番多いのが、浴室や入浴中です。寒い脱衣所で服を脱ぐと血圧が30～50㎜ Hg上昇し、入浴し体が温まると血圧が下がります。短時間での血圧の乱高下が体の負担になり、事故につながるのです。慶應義塾大学理工学部システムデザイン工学科主任教授の伊香賀俊治氏の資料よれば、血圧が180㎜ Hgを超えると脳血管疾患が急激に増えるというデータがあります。このように家の温度差をなくす、"温度のバリアフリー"を考慮することが家づくりにおいて重要です。

チェック項目

[断熱性能]

- ☑ 家の断熱性能の目標値を決め、断熱性能を計算してもらいましょう
- ☑ 内部結露が起こりにくい断熱工法か確認しましょう
- ☑ 特に外張り・付加断熱は防火認定の確認をしましょう
- ☑ 日射遮蔽の対策方法を決めましょう
- ☑ 断熱材のデメリット部分が解消されている工法ですか

基礎断熱は新築1年目に注意

足元の断熱には、床断熱と基礎断熱の2種類があることは、54頁でお話ししました。ここでは基礎断熱にした場合の湿度対策についてお伝えします。冬は空気が乾燥しているため、あまり気にしなくてよいのですが、夏場は湿度対策が必要です。そのため、できるだけ室内の湿度を上げないようにエアコン運転などをするとよいでしょう。また、床下エアコン（118頁）を設置しているなら、弱運転や再熱除湿運転をして、温度・湿度を調整する方法もあります。

特に新築したてのころは、基礎に使ったコンクリートから水蒸気が発生するため、どうしても湿度が上がりやすくなります。新築1年目は湿度計を置いてチェックしたり、床下空間を確認したりするなど、気にかけておく必要があります。湿気以外にも、工事のミスで給水排水が漏れている可能性も捨てきれませんし、雨漏りした水が床下に溜まることだってあります。特に1年目は床下空間を確認して損はありません。最近では各場所の温湿度をアプリで確認できる温湿度計もあるので、試してみるのもよいでしょう。

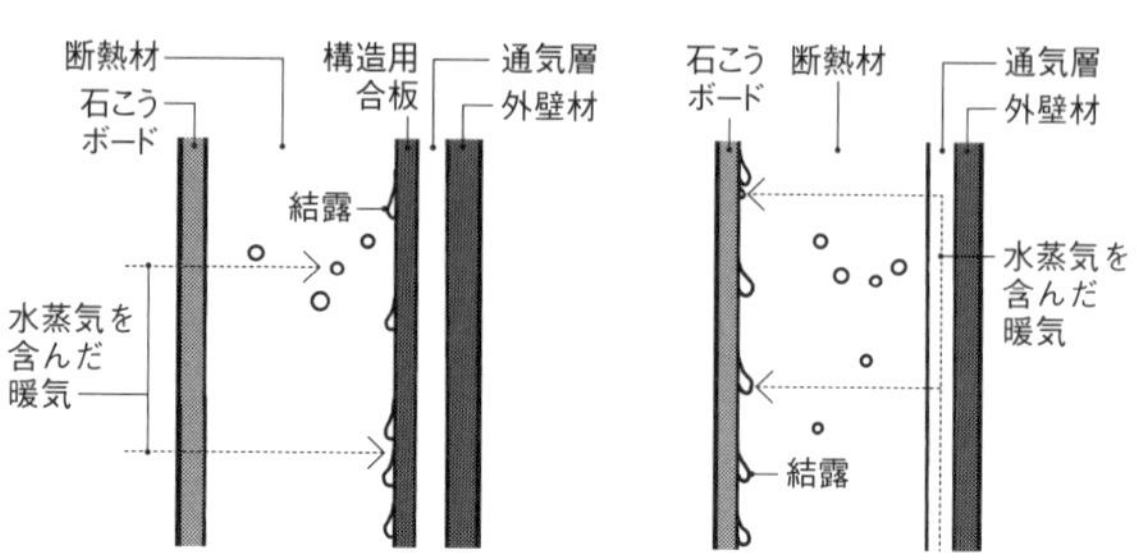
断熱材
石こうボード
構造用合板
通気層
外壁材
結露
水蒸気を含んだ暖気
石こうボード
断熱材
通気層
外壁材
水蒸気を含んだ暖気
結露

冬型結露　　夏型結露

冬型結露と夏型結露の違い

結露には、冬型結露と夏型結露の2種類があります。まず冬型結露は、部屋が暖かく、屋外が寒いために起きる現象です。窓ガラスの表面結露は見て分かりますが、壁の中にできる結露（壁体内結露）は目視できません。冬の壁体内結露とは、暖房で温められた室内の水蒸気が、壁の中に入って外の冷たい壁などに触れたときに結露する現象です。これを防ぐために、外側にいくほど水蒸気を通しやすくし外壁には通気層をつくって外に水蒸気を逃がしやすくします。しかし、夏になると今度はジメジメとした外の空気が、通気層から壁の中に入ってきます。そして冷房が効いた室内側の壁の中で冷やされて、結露してしまうのです。冬ばかりに気がとらわれがちの結露ですが、夏場に屋外と室内の温度差が大きいエリアは夏型結露にも注意をしましょう。

これらの結露を防ぐ方法は、壁を正しくつくることにつきます。壁の構造は室内側から外側に向けて、透湿性の高い素材を重ねていくことが基本です。ここにプラスして夏型結露対策のために、内側の壁には室内の湿度が非常に高くなったときだけ水蒸気を通すシートを施工したり、高性能なフェノール断熱材やポリスチレンフォームなどのプラスチック系断熱材にしたりすれば、壁の中での空気（水蒸気）の移動を遮断できるので、外側から室内側の壁に水蒸気が到達できなくなり、結露の心配が減ります。

地盤への熱損失を防ぐ

室内の温度変化は、暖かい空気が冷たいほうへ逃げ、次第に温度が下がることで生じます。この性質を理解し、床・壁・天井に断熱工事を行えば、屋外に熱が逃げにくくなります。

ここで注意が必要なのは基礎断熱の家です（54頁）。一般的に基礎断熱は、基礎の立上りや外気に近い部分だけに断熱工事を行い、中央部分は断熱施工しませんが、地中は屋外の気温とは違って保温性が高いため、その地域の年間平均温度が保たれています。地中の温度については井戸水をイメージすると理解しやすいです。地中から湧き出る井戸水は夏でも冬でもほぼ温度変化がなく、夏は冷たく、冬は温かく感じますよね。東京の場合、年間を通して17℃近くに保たれているため、

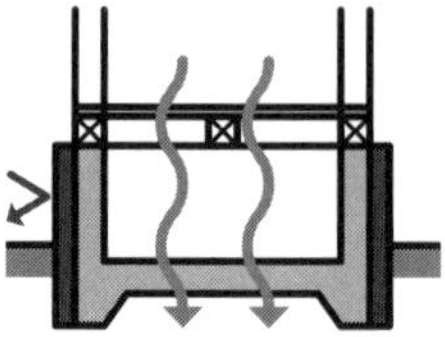

家の温度がそれほど下がる心配はありません。

しかし、壁・天井の断熱性能を上げれば上げるほど、熱は床（地中）から逃げようとします。とくに平均気温が低いエリアは要注意。東京よりも寒い地域は、断熱性能とのバランスを見ながら地盤に熱を逃がさないように考えることも必要です。

窓の断熱性能

窓の断熱性能については66頁にも記載しましたが、そのほかにも選ぶポイントがあります。

●窓のサッシ　サッシには樹脂サッシ、木製サッシ、アルミサッシの3種類が代表的です。断熱性能が高いのは、樹脂サッシ→木製サッシ→アルミサッシの順です。

●強度と防音性　ガラスの厚みによって、強度と防音性が変わります。厚みがあるほうが強度も防音性も高く、薄ければその逆です。防音性を高めたいときや、台風や暴風に耐えるためには厚みがあるガラスを選びます。

●ガラスの間の空気層の厚み　ガラスとガラスの間には密閉空気層があり、断熱の役割があります。一般的な複層ガラスやトリプルガラスの空気層は12～16㎜。空気層は厚みが増すほど断熱性能は上がりますが、厚さが20㎜以上になると性能はそこからほとんど変わりません。

●気体の種類　空気層の気体は、ただの乾燥した空気、アルゴンガス、クリプトンガスです。コスパ的にはアルゴンガスがお勧めです。真空も性能が高いのですが、耐久年数に疑問があります。

●スペーサーの種類　ガラスとガラスの間に入っている部材（スペーサー）には樹脂製、アルミ製があります。窓際の結露を起こりにくくするためには樹脂製のスペーサーを選ぶとよいでしょう。

●防火性能　サッシとガラスの両方を見て、防火基準に合ったものを選びます。防火ガラスには金属の網が入っていますが、眺望のよい窓には、網なしで防火認定が取れているガラスを選ぶとよいでしょう。また、サッシに防火性能がない場合は、シャッターや雨戸に防火性能があるものを選びます。

●耐久性能　木製サッシは雨水による劣化が大敵です。紫外線や雨に弱いので、定期的にメンテナンスを行いましょう。樹脂製の窓は紫外線で劣化するといわれていますが、50年以上は長もちします。アルミ自体は耐久性があるので、木とアルミの複合サッシや、樹脂とアルミの複合サッシなども検討するとよいでしょう。

●**メンテナンス**　サッシには防水や気密をとる役割をもつゴムやモヘアと呼ばれる部品がついています。これらは可動部分が多い引違サッシに多く使われています。十数年も経てば気密性能は落ちてくるため、できれば交換したほうがよいでしょう。また、引違いの使用は最低限にしましょう。

●**コスト**　同じ窓面積であれば窓の数を少なくし、大きな窓を設けるほうがコストは下がります。サッシの種類、引違い、縦すべり、ＦＩＸなどでも価格は変わります。

デザインと断熱・気密の関係

これまでこの本では「住宅デザイン」について触れていませんが、自由な間取りをつくりたいなら、断熱・気密をとることが大切です。家の性能が高ければ、開放的な間取りや、吹抜けをつくっても、寒さや暑さの心配がありません。

住宅デザインに関して、私が参考にしている本の1つに日本の建築家・宮脇檀《みやわきまゆみ》さんの考えをまとめた『宮脇檀の住宅設計テキスト』（宮脇檀建築研究室著 丸善刊）があります。このなかから断熱・気密と大きく関係している3つの項目を紹介します。

以下引用

・端から端まで見通せる部分を作る

どんな小さな家でも、（逆に家が小さければ小さいほど、）必ず家のどこかに、その家のもっとも長く大きく見える部分を見通せるようにつくるようにしている。（中略）家全体をワンルーム的に扱うことをより豊かにする方法でもある。

・吹抜けは空間を結びつけるために

上から下に対して、下から上に対して空間がつながること、それによって、私たちは平面図では果たせなかった空間の立体的な拡がりの喜びを見つけることができる。

・居間は「広く広く」し機能を集中せよ

居間をできる限り大きく（空間的にも）つくり、家にあるありとあ

らゆる面白いもの、楽しいものをここに集めてしまう。ここまで引用
いかがでしょうか？ 宮脇さんの著書には、広々とした空間と住み心地に関することが書かれています。このように「閉じる」「見えない」「狭い」間取りではなく、「開く」「広がる」「見通せる」開放的な間取りを設計した場合、断熱・気密が低いと、冬は家のなかでコートを着ないと過ごせなくなるかもしれません。断熱・気密を上げることで、開放的な広い空間や、端から端まで見通せるような空間、快適なデザインされた家が実現できるのではないでしょうか。最後に左に断熱仕様の一覧表を載せておきます。

基礎・床	家全体のQ値とU_A値（※）
基礎: ビーズ法ポリスチレンフォーム特号 内側＋外側50mm	あり:Q値0.92 U_A値0.28 なし:Q値1.17 U_A値0.28
0.42	
基礎: 押出法ポリスチレンフォーム3種B 内側50mm	あり:Q値1.25 U_A値0.4 なし:Q値1.50 U_A値0.4
0.53	
床:押出法ポリスチレンフォーム3種B100mm または基礎:押出法ポリスチレンフォーム3種B:内側50mm	あり:Q値1.35 U_A値0.45 なし:Q値1.61 U_A値0.45
床:0.33　基礎:0.53	
床:押出法ポリスチレンフォーム3種B90mm または基礎:押出法ポリスチレンフォーム3種B:内側50mm	あり:Q値1.48 U_A値0.54 なし:Q値1.74 U_A値0.54
床:0.36　基礎:0.53	
床:高性能グラスウール24K80mm または基礎:押出法ポリスチレンフォーム3種B:内側50mm	あり:Q値1.58 U_A値0.58 なし:Q値1.83 U_A値0.58
床:0.45　基礎:0.53	
床:高性能グラスウール24K80mm または基礎:押出法ポリスチレンフォーム3種B:内側50mm	あり:Q値2.16 U_A値0.82 なし:Q値2.41 U_A値0.82
床:0.45　基礎:0.53	

※ 熱交換換気システムの導入のあり、なしで数値を分けている

●断熱仕様一覧表

省エネ基準に合わせた断熱仕様と、坪単価を表にまとめました（間取りは185〜187頁参照）。

あくまで目安として参考にしてください。

省エネ基準	坪単価	玄関ドア	窓	屋根・天井	壁
G3	坪90万円以上	断熱ドア	アルゴンガス入りLow-Eトリプルガラスの樹脂または木製サッシ	屋根:外張り 高性能フェノール60mm×2枚	付加断熱: 外張り: 高性能フェノール60mm 充填:高性能グラスウール16K105mm
	熱貫流率	1.5	1.0	0.19	0.2
G2+	坪80万円以上	断熱ドア	アルゴンガス入りLow-Eトリプルガラスの樹脂サッシ	屋根:充填断熱 吹付けウレタンフォームA種3 160mm	付加断熱: 外張り: 高性能フェノール35mm 充填:グラスウール10K100mm
	熱貫流率	2.33	1.6	0.3	0.27
G2 ZEH+	坪75万円以上	断熱ドア	Low-E複層ガラスの樹脂サッシ またはLow-Eトリプルガラスのアルミ樹脂複合サッシ	屋根:充填断熱 吹付けウレタンフォームA種3 160mm	付加断熱: 外張り: 高性能フェノール30mm 充填:グラスウール10K100mm
	熱貫流率	2.33	1.9	0.3	0.29
G1 ZEH	坪70万円以上	断熱ドア	Low-E複層ガラスのアルミ樹脂複合サッシ またはLow-E複層ガラスの金属製熱遮断サッシ	天井:充填断熱 高性能グラスウール16K155mm×2枚	充填断熱: 高性能グラスウール16K105mm
	熱貫流率	2.33	2.33	0.15	0.43
ZEH	坪65万円以上	断熱ドア	Low-E複層ガラスのアルミ樹脂複合サッシ またはLow-E複層ガラスの金属製熱遮断サッシ	天井:充填断熱 高性能グラスウール16K155mm	充填断熱: 高性能グラスウール16K105mm
	熱貫流率	2.33	2.33	0.29	0.43
28年基準	坪55万円以上	断熱ドア	Low-E複層ガラスのアルミサッシ	天井:充填断熱 高性能グラスウール16K90mm	充填断熱: 高性能グラスウール16K90mm
	熱貫流率	4.07	4.07	0.48	0.50

気密は
そこそこでも
よい？

第3章

気密と換気

「空気コントロールで快適性は変わる」

寒い家の原因は気密

家づくりを考えている人なら、こんな話を耳にしたことはありませんか?「吹抜けは寒くなるからつくらないほうがいい」「リビング階段の家は暖房が効かなくて寒い」など。まだまだ住宅業界では吹き抜けや大空間をつくると寒くなるということが常識になっています。

吹抜けやリビング階段が寒いのは、断熱が足りないだけでなく、気密が十分に確保できていないからです。気密とは、家の隙間の大きさのことで、家の隙間が大きい(多い)と気密が低く、隙間が小さい(少ない)と気密が高いことになります。長い間、日本の住宅会社は気密の低い家ばかりをつくってきました。その結果、隙間風が絶えない、寒い家が立ち並んでしまったのです。寒さの原因は明らかになっているので、気密さえしっかりと高めれば、吹抜けやリビング階段をつくったとしても、寒くなることはありません。

室内の温度で見ると、気密が低い家は部屋の上下に温度差ができます。暖房で暖められた軽い空気は、吹抜けや階段を通って上昇し、2階の隙間から外へ逃げていきます。それと同時に足元の隙間からは、外の冷たい空気がスーっと入ってきてしまいます。私の経験で、暖房方法にもよりますが、気密が非常に高い家では、1階の床と2階の天井付近の温度差は0℃~3℃程度です。ですから、エアコン暖房だけでは足元が暖まらないというのは間違った考え方なのです。温度ムラは気密を高めることによって解消されるのです。

断熱と気密の役割の違い

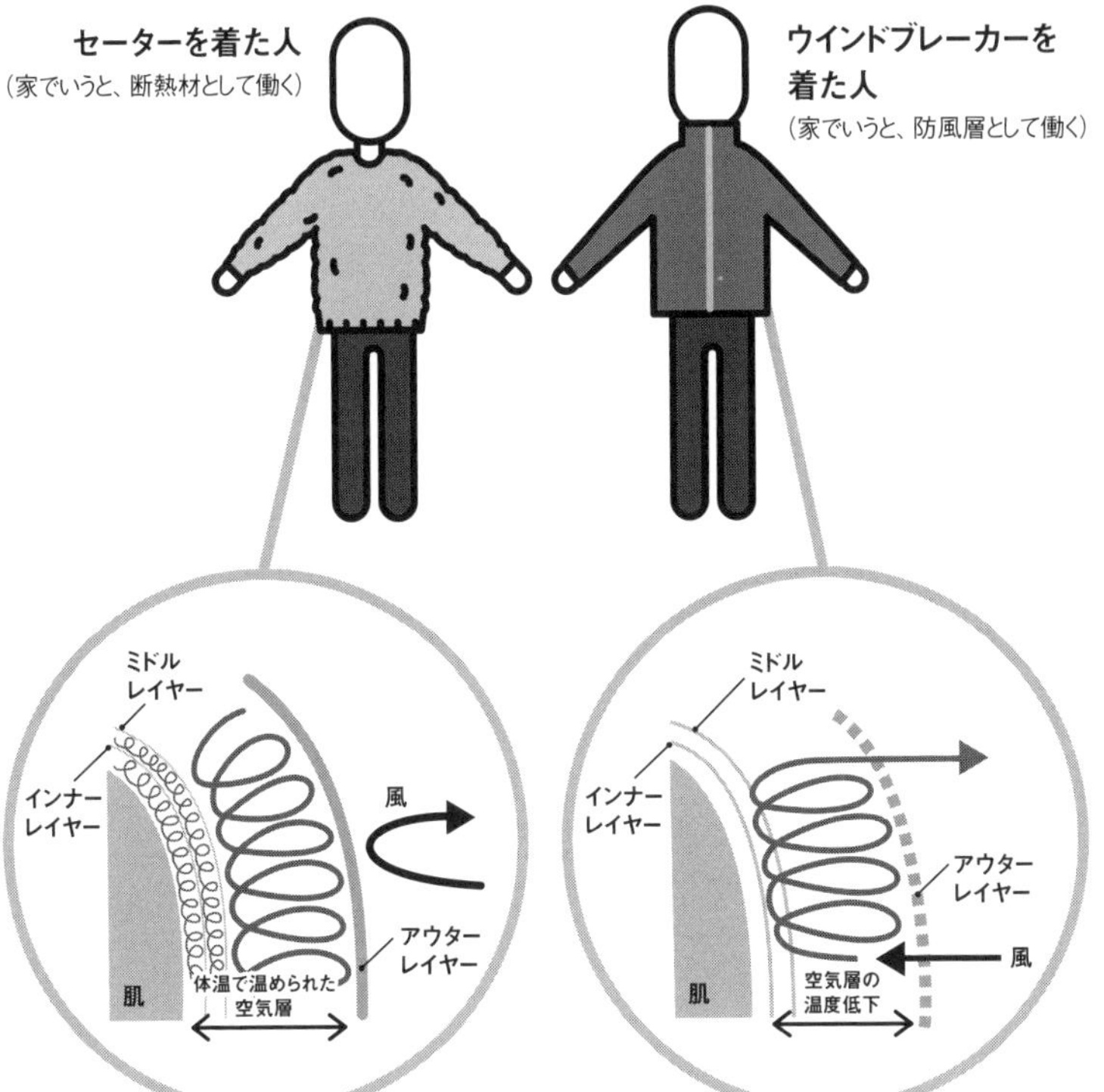
セーターを着た人
（家でいうと、断熱材として働く）
ウインドブレーカーを着た人
（家でいうと、防風層として働く）
ミドルレイヤー
インナーレイヤー
風
アウターレイヤー
体温で温められた空気層
肌
ミドルレイヤー
インナーレイヤー
アウターレイヤー
風
空気層の温度低下
肌

断熱は暖かさを逃がさないセーターで、気密は風を通さないウィンドブレーカーと同じ仕組みなんだね。

気密が高いことで得られるメリット

「気密を高める」という意味は、家の隙間をできるだけ小さくして、室内の空気が外に漏れず、外の空気が家の中に無駄に多く入ってこないようにすることです。ここでは高気密住宅のメリットを紹介します。

●砂ぼこりや虫に悩まない　隙間がなくなるので、砂ぼこりやごみが外から入ってこなくなります。風の強い日、窓の桟がザラザラするのは気密が低いため。またゴキブリや蜘蛛などの虫の侵入経路も閉ざされるので、ほとんど出てこなくなります。虫が苦手な人には朗報ですね。窓を開けないので、蚊もほとんど入ってきません。夏の夜に蚊に悩まされて寝れない、なんてこともなくなります。

●静かな環境　気密が高いと、家の外の音がほとんど入ってこなくなり静かな環境が保たれます。ピアノや映画観賞用のための防音室が必要ないかもしれません。「早くしなさい!」「ケンカはやめなさい!」なんていう声が家の外に漏れている……そんなことは窓が開いていない限りはほとんどありませんのでご安心を。

●家中が暖かい　1・2階の温度差がなく快適な温度が保たれるので、吹抜けもリビング階段も自由につくることができます。「寒いだろうから」とあきらめていた間取りにチャレンジできるのは高い気密のおかげ。

こうやって書き出してみると気密を高めることはメリットだらけです。

気密が高い家は女性にも喜ばれる

	超高気密 C値0.3㎠／㎡以下	高気密～中気密 C値0.3～5㎠／㎡	低気密 C値5㎠／㎡以上
メリット	● 給気口から給気がうまくでき、換気がしっかり行われる ● 吹抜けや開放的な間取りをつくっても、上下間の温度差がない ● 間取りが自由につくれる ● 隙間風がないので、室内の温度・湿度のコントロールがしやすい	● 高気密住宅なので暖かい ● 室内の上下の温度差は少ない	● 24時間換気扇をまわさなくても隙間から換気ができる可能性がある ● ファンヒーターなどの室内燃焼型ストーブが使いやすい
デメリット	● 換気扇をつけると負圧になり、玄関ドアの扉が重くて開けづらくなる ● 24時間換気用の換気扇やキッチンの換気扇など、気密を考慮した建材を選ぶため、価格が上がる ● 個人差はあるが高い密閉性が気になる場合がある	● 給気口から給気がほとんど入ってこない ● 隙間は少ないので、温度差換気や隙間風も少なく、換気が中途半端になることがある ● 吹抜けなどの設計はお勧めできない	● だるまストーブなどの採暖や、こたつなどの暖房器具を採用しないと温めた空気が逃げやすく、頭部と足元で温度差が感じられる ● 夏場は、多湿な空気が入りやすく、エアコンを止めた瞬間から蒸し熱くなる可能性がある

気密性能が高い家は、虫も入ってこないし、掃除もらくちん♪ 静かなのもうれしいわ。

気密性能が低い家は、足元がスースーする。虫もなんだか多い気が…。窓まわりがザラザラして不快だわ。お掃除が大変。

24時間換気が義務化された理由

２００３年7月、建築基準法が改正され、住宅のすべての居室で24時間換気が義務化されました。改正された当時、建材や壁紙を貼るノリなどから化学物質が発散し、シックハウス症候群の訴えが相次いで起こり社会問題になりました。

シックハウス症候群とは、建材や内装材から発散される化学物質が原因で、目がチカチカする、皮膚にかゆみがでる、吐き気に襲われるなどの症状が起こる健康被害のことです。私も当時、新築の家に入ったときに、目が痛くなり、目を開けられない状態になったことがあります。

このようなシックハウス症候群が増えたのは、住宅の気密性能が中途半端に高くなり、有害物質を含んだ空気が部屋にこもってしまったからです。そこで考えられたのが24時間換気の義務化です。現在、シックハウス症候群は減少していますが、そのほかにも換気を行う目的は数多くあります。意外と見落とされがちなのは、住む人から放出される二酸化炭素です。家族で眠っている寝室で換気を行わないと空気中の酸素量が減り、一晩で二酸化炭素濃度の高い汚れた空気になります。

建築基準法で決められた住宅の換気量のガイドラインは、居室の空気が2時間で1回入れ替わるようにすること。つまり、家中の空気を2時間ですべて入れ替える換気ができていないと、換気装置をつけていても意味がないのです。

換気ができていないと健康被害もある

●築年数別ホルムアルデヒド平均濃度（2000年全体調査）

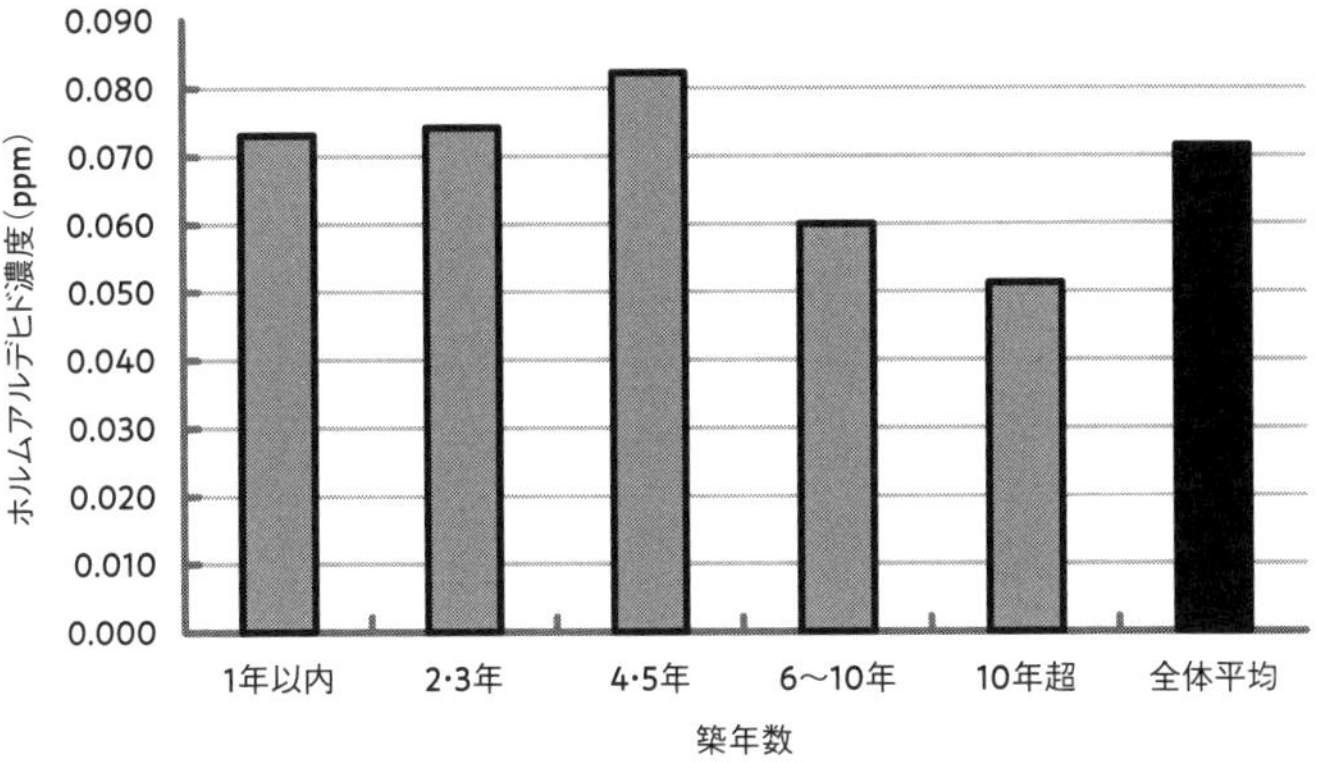

出典：建築物のシックハウス対策マニュアル
建築基準法・住宅性能表示制度の解説及び設計施工マニュアル（工学図書）

豆知識

室内の化学物質発生源

住宅の建材から発生する化学物質は一部です。そのほかの多くは、消臭剤、防カビ材、殺虫剤、家具、衣類、生活用品から発生しています。私たちの身のまわりには、5万種類を超える化学物質が、製品や食品などに含まれているといわれています。これらの化学物質は、私たちに豊かで快適な生活の恩恵を与えていますが、環境汚染や健康への影響などの問題もかかえています。今一度、計画的な換気で室内の空気を、入れ変えることの大切さを考えてみてください。

気密と換気は一緒に考える

起床時や、帰宅時に、空気のよどみを感じたことはありませんか? もしかすると、その家は気密と換気がうまく機能していないかもしれません。住んでいて空気がきれいだと感じる家は、気密と換気がセットで考えられています。

家の中の空気は思っているよりも汚れています。たとえばダニやカビ。目に見えないくらい小さく分解されたそれらの死骸やフンが空気に浮遊しています。また、人が呼吸をすることで、二酸化炭素の濃度も上がります。そのほか、建材や家具、食べ物の酸化防止剤などから微量ずつ化学物質が放出されています。このように、空気の汚れは目に見えませんが、知らず知らずのうちに汚れているのです。人は1日に約1万Lの空気を吸い、肺はその空気を直接血液に送り込んでいます。そのうちの6割は室内の空気だといわれています。

換気は汚れた空気を排気口から外へ排出して、きれいな空気を給気口から入れることです。寝室や個室などに給気口を設けてきれいな空気を取り込みます。お風呂やトイレ、クロゼットなどの水蒸気が多く発生したり、においが出たりする場所には排気口を設置します。大切なのは、給気口から取り込んだ空気が、家中に流れるように「空気の通り道」をつくること。空気の流れをコントロールすることで、24時間空気をきれいに保てるのです。換気をうまく行えるかどうかは、気密に関わってきます。空気が隙間から抜けるような気密の低い家だと計画通りに換気はできないからです。

気密が低いと家全体の換気ができない

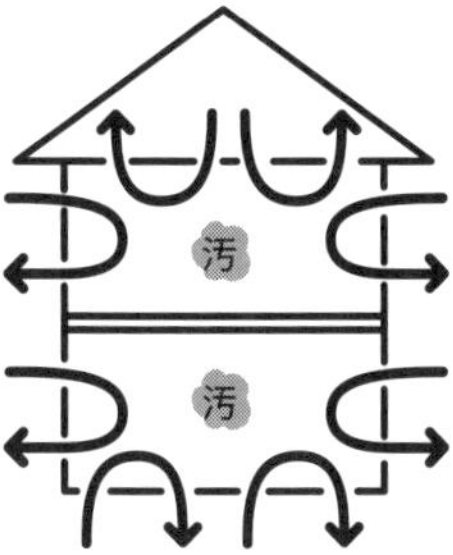
汚
汚

気密性能が低いと、家のいたるところから空気が出入りする

気密性能が低いと、換気口周辺の空気ばかりが外に出てしまい、汚い空気が排出されない

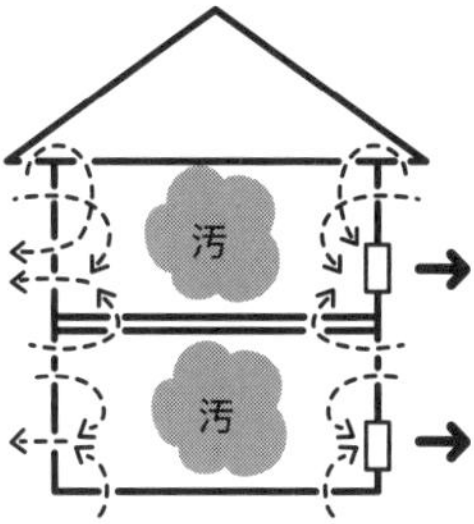
汚
汚

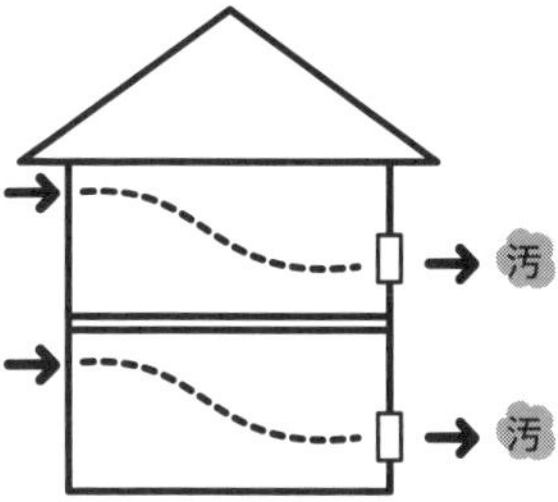
汚
汚

気密性能が高いと、計画的に換気ができ、家のなかの空気をきれいに保てる

気密を高めることで、空気のコントロールができ、計画通りに換気ができます。

気密性能はどこまで必要なの？

気密性能は、C値（単位：㎠／㎡）で示します。数値が低いほど気密が高くなります。私が気密の目安をお伝えするときには、「床面積1㎡当たり0.3㎠」と話します。C値でいうと0.3㎠／㎡。これは120㎡（36.3坪）の家で、6㎝角の隙間を示しています。一方、省エネ基準で定められているのは、寒冷地で2㎠／㎡、温暖地では5㎠／㎡です。これを同じ120㎡の家で換算すると、15㎠〜25㎠の孔が開いているのと同じ状態です。残念ながらこの基準をクリアしただけで、高気密といわれる住宅になるのです。

国の基準に比べて、10分の1以下の数値を私が推奨しているのは、左表のようにC値0.3㎤／㎡であれば給気口から空気が入るからです。しかし、これ以上に隙間が多いと換気扇（排気口）のそばの隙間から空気が入り、居室に付いているほとんどの給気口からは空気が入りません。気密が高くなければ義務化されている換気もできないのです。また、地震で隙間ができる、気密テープが剥がれる、コーキングが切れる、木が痩せるなどが原因で、気密性能は低下していきます。性能が落ちにくい工法を選択することが大切です。

ただ、気密の良し悪しは、施工技術にかかってくるため、見定めるのは非常に難しいところ。ですから「0.3㎠／㎡を目指す方法はありますか？」と伝えたり、その住宅会社が過去に建てた家の気密性能の数値を聞いたり、気密測定の見学会に行ったりして確かめてください。

120㎡の家における適切な気密性能

	気密性能と隙間のサイズ	隙間に対する給気口(※)の大きさ
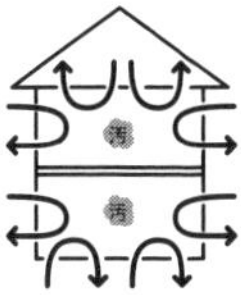	C値5㎠/㎡は600㎠の隙間 A4サイズ A4サイズの隙間	600㎠の隙間に対して給気口は50㎠ 1/12 A4サイズの隙間 換気口の面積
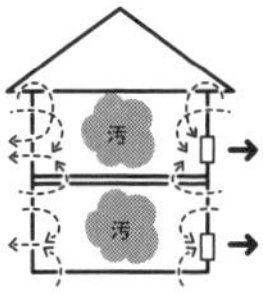	C値1㎠/㎡は120㎠の隙間 ハガキサイズ ハガキサイズの隙間	120㎠の隙間に対して給気口は50㎠ 1/3 ハガキサイズの隙間
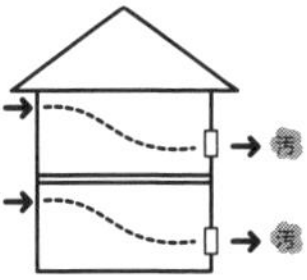	C値0.3㎠/㎡は36㎠の隙間 6cm角サイズ 6cm角の隙間	36㎠の隙間に対して給気口は50㎠ 2/3 6cm角の隙間

5.0㎠/㎡の隙間の面積に対して1/12しか給気口の面積がないので、空気圧だけでの給気はできない。0.3㎠/㎡の場合、2/3が給気口の面積なので給気口から空気が入る

※4LDKの場合の給気口の数を5個とした。フィルター付きの給気口を10㎠の孔とみなしたときの隙間の合計数値は50㎠となる

豆知識

温度差換気と外風圧換気

温度差換気とは、暖かい空気(暖かく空気は軽い)が上昇し、上部の隙間から逃げる現象です。たとえば、室内外の温度差が30℃で、隙間が1㎠/㎡の場合、0.1回/hで空気が入れ替わっていることになります。外風圧換気とは、風の圧力によって空気が逃げる現象です。たとえば、6m/sの時、隙間が1㎠/㎡で0.3回/hで空気が入れ替わっていることになります。温度差換気と外風圧換気と24時間換気の0.5回を合わせると、1時間に約1回空気が入れ替わってしまう計算になります。これらの現象は、気密性能を上げることである程度防げます。

自分に合った換気方法を選ぼう

住宅の換気には、次の3種類の方法があります。

●第1種換気　給気、排気、ともにファンを使って行います。各部屋に給気口を設け、排気口に向けて空気の流れをつくっていく方法です。「熱交換システム」と呼ばれる空気の温度を調整する機械を使う場合が多いです。

●第2種換気　給気のみファンで行う方法。壁体内結露が起こる可能性があるため、住宅ではほとんど採用されていません。

●第3種換気　居室に自然給気口を設けて、ファンを使って排気する方法。多くの24時間換気で採用されています。給気口の数が多くフィルターの掃除の箇所は多いですが、掃除は1年に一度程度です。また、換気扇内にカビなどの発生も少なく、発生したとしても排気口なので、室内に入ってくることはありません。

結論から話すと、私はシロッコファン（102頁）を使用したダクト式の第3種換気を推奨しています。理由は、機械を使ったものはいずれ壊れ、メンテンス費が発生するためです。シンプルなものほど長い目で見て費用の負担が少なく済みます。

第1種換気の1つである「熱交換換気システム」は、寒冷地などで熱損失による光熱費を気にする場合、お勧めです。また、第3種換気は、給気口から音が室内に入るので、外部の音を気にする場合も第1種換気を推奨しています。ただし、壊れたときのメンテナンスやダクト掃除の費用も考慮して採用しましょう。

気密が高いなら第３種がお勧め

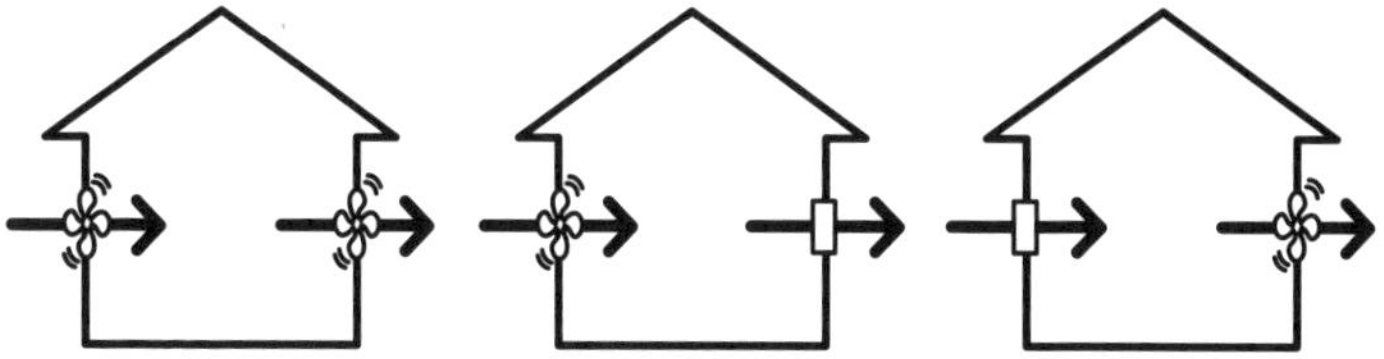

	第1種換気	第2種換気	第3種換気
メリット	●熱交換機器を用いれば、換気による熱損失が防げる	●設置、機械コストが安い ●ランニングコストが安い ●メンテナンスが必ずしも必要でない	●設置、機械コストが安い ●ランニングコストが安い ●メンテナンスが必ずしも必要でない ●負圧（※1）になるので、壁のなかに空気が入りづらく、壁体内結露が起こりにくい
デメリット	●設置、機械コストが高い ●ランニングコストが高い ●頻繁なメンテナンスが必須 ●温度差換気や、外風圧換気の影響を受けやすい	●トイレやお風呂などの空気がよどみやすい場所にファンをつけないので、住宅では計画的な換気がしにくい ●正圧（※2）になるので、壁のなかに空気が入りやすく、壁体内結露の恐れあり	●換気による熱損失が大きい ●給気口から音が入る ●給気口付近は寒い

※1 室内の気圧が外に比べて低いこと　※2 室内の気圧が外に比べて高いこと

豆知識

換気と光熱費

「換気をすると、部屋が寒くなるから光熱費が上がるのではないか？」とよく聞かれます。計算してみると、まず空気の熱量は、0.33w/㎥℃です（空気の1㎥の重さ1.2kgとした場合）。1時間に150㎥の換気で室内外の温度差が20℃の場合、20×150×0.33≒1kW/hで、この分の熱量を温めなければなりません。この熱量をエアコンで温めると、だいたい5～15円/hの費用になります。

気密が高い家はペットも快適

共働き家庭や、子どもたちが学校に通っている家庭では、人よりもペットのほうが家にいる時間が長いのではないでしょうか。ペットを室内で飼育する家庭が増え、「夏場の蒸し風呂状態の家のにペットを残すのが心配」という声も耳にするようになりました。ペットのためにエアコンをつけっぱなしにする家庭が多いのも頷けます。

まずは、夏場・冬場の室温が安定するように高断熱・高気密の家にして、エアコンを24時間つけっぱなしにすることをお勧めします。

それからペットの健康のためにシックハウス症候群にも気を使いましょう。人よりもペットのほうが家にいる時間が長いので、換気はしっかりと行い、きれいな空気環境を保ちます。窓を空けっぱなしにして出かけていく家庭もありますが、換気がしっかりできている家は、窓を開けなくてもよいので、防犯面でも安心。

最後にペットのニオイについてです。気密が高く、換気計画がしっかりとできていれば、ペットのニオイがこもらない家づくりができます。プランの段階でペットの寝床やトイレの位置なども一緒に考えておきましょう。ペットのトイレ付近に24時間換気の排気口を設置することで、ニオイが広がらずに済みます。

このようにペットと高気密住宅は相性がとてもよいといえます。ペット目線で家を考えれば、おのずと人にも環境のよい家になります。

ペットのニオイがこもらない家

ペットのトイレ付近に排気口を設ければ、
嫌なニオイが部屋にこもることもない

気密性能が高いと、留守中に愛犬が吠えても、鳴き声が外へあまり漏れないので、近所迷惑にもなりにくいでしょう。
気密性能が高いと、部屋の熱が逃げないから働きに出ている日中もペットが快適な環境で過ごせるのね。換気がしっかりできるから、ペットのニオイが部屋にこもらないし、いいことづくし！

チェック項目

[気密と換気]

- ☑ 気密性能は劣化しにくい工法ですか
- ☑ 住宅会社が気密測定を行ってくれるか確認しましょう
- ☑ 24時間換気の設備の耐久年数と、取り替え費用を確認しましょう
- ☑ 見学会で給気口に手を当て、空気が入ってくるか確かめましょう
- ☑ 換気設備のメンテナンス方法も聞いておきましょう

※出典：Harper.G.J.:Airbome micro-organisms:survival tests with four viruses.J.Hyg.Camb.59:479-486.1961

家の乾燥とウイルス感染の関係

冬になると、インフルエンザウイルスに感染する人が多くなります。冬にインフルエンザが流行するのは、温度や湿度と深い関係があるため。その根拠とされているデータを紹介しましょう。まず、インフルエンザウイルスが活発化する条件についてお話しします。

乾燥するとインフルエンザイウイルスの生存率は高くなります。ある実験の資料では、温度21～24℃で湿度20％の時、6時間後のウイルスの生存率は60％でしたが、同じ温度で湿度を50％に保つと、生存率は3～5％になりました。次に、温度7～8℃で湿度22～25％だと生存率が63％で、同じ温度で湿度を50％以上にしても生存率は35～42％でした。温度を32℃、湿度50％にすると6時間後のウイルス生存率は0％だったことから、空気中の水蒸気量が大きく関係していることが分かります（※）。

乾燥しすぎることは人の免疫機能にも悪影響を与えます。空気が乾燥すると鼻やのどの粘膜や繊毛の活動が弱まり、ウイルスや細菌から身を守るフィルター機能が正常に作用しなくなります。乾燥はウイル

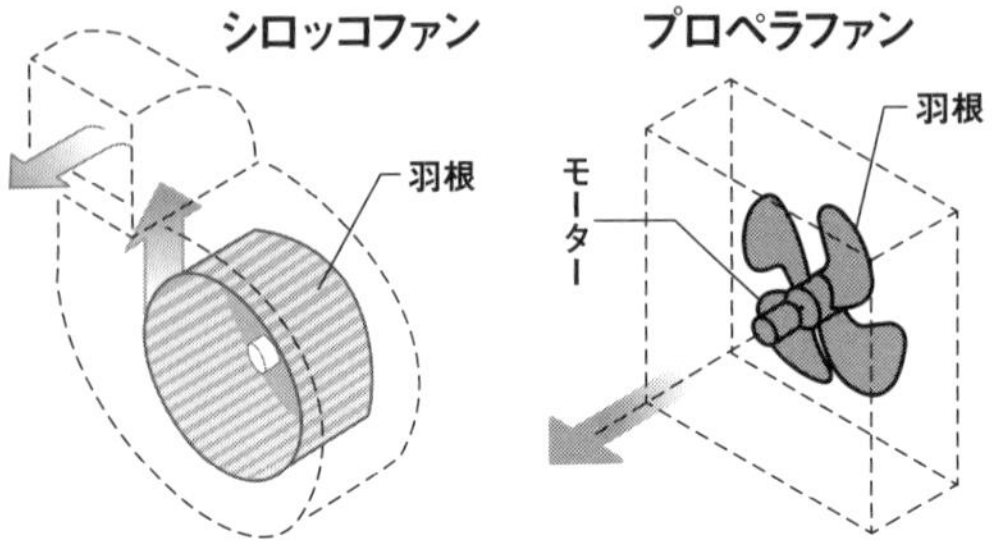

スを活性化させ、人体の免疫機能も弱めてしまうのです。

このように健康に過ごすためには、家の湿度を適切（40～60％）に保つことが大切です。病院の待合室に加湿器が置かれているのも、ウイルスの増殖を抑える役割があるからです。

換気扇の種類で換気効率が変わる

みなさんは換気扇と聞いてイメージするものはどんな形でしょうか？換気扇には大きく分けて2つの種類があります。

まずは、昔ながらの「プロペラファン」です。扇風機と同じ要領でプロペラをまわして風を送ります。低コストで設置でき、少ないエネルギーで大量の空気を動かせます。しかし、風圧がないので北風などの風圧に負けてしまったり、長いダクトに空気を押し出そうとしてもパワーが足りなかったりします。

一方、ダクトに空気を押し出すことに優れているのは「シロッコファン」です。圧力を高めて空気を押し出す仕組みです。プロペラファンに比べて電気代はかかりますが、確実に空気を送り出すことができるため、

24時間換気システムではこちらのシロッコファンの採用をお勧めしています。

換気システムにはシロッコファン+ダクト型を推奨していますが、ダクトの長さによって排気量が変わってしまいます。なので、各排気量を自動調整してくれる風量調整弁の付いた換気扇を選ぶとよいでしょう。また、給気口にも外部風圧対策用に給気量調整弁をつけていれば、台風時に風が吹き付けても給気量を調整してくれます。

きれいな空気環境は家族の健康にも関わってきます。機械代や電気代の差はありますが、少しの料金差です。換気という本来の目的を果たすものをセレクトしてください。

第1種換気のメンテナンス事情

第1種換気システムを採用するときは、メンテナンスのしやすさも視野に入れておきましょう。換気扇のメンテナンスをしない人が多く、換気扇の中にほこりがたまってカビが生えている家もあります。せっかくの24時間換気もこれでは台無しです。

第1種換気は、機械を使って室内に空気を送り込む仕組みです。家の中の空気を2時間に1回入れ替える換気量というのは、外からの給気口の入口に手を近づけてみると、掃除機のような状態です。なので、空気を吸い込むときに、虫やごみも一緒に吸い込んでフィルターに溜まったりするため、定期的なフィルターのメンテナンスが大切なのです。

また、フィルターのメンテナンスを怠ると、換気扇のフィルターが目詰まりを起こし、無理やりモーターを動かすことになるので、高回転になり、余計に電気代もかかります。

メンテナンスのタイミングは、ものにもよりますが、海外メーカーの製品は1カ月に1度、日本のメーカーのものは3カ月に1度が目安です。

新築当初はメンテナンスをしていても、5年、10年経つと意欲が低下してくることは往々にしてあります。エアコンのフィルターを季節ごとに掃除しない人も多いなか、よほど几帳面な人でない限りは、外にある給気口のフィルターボックスや、天井などについた点検口の中の機械などはメンテナンスできないかもしれません。これをふまえて、第1種換気を選ぶのなら、フィルターのお手入れ時期のアナウンスがあるものや、掃除しやすい壁掛けタイプを選びましょう。

調湿効果について考える

高断熱・高気密にすると冬でも暖かく、24時間換気で外の乾燥した空気が入るため、室内が乾燥しやすくなります。そんなときに湿度を調整する素材として、「内装材は珪藻土で、床は無垢材。断熱材は調湿性があるセルローズファイバー。タイルは吸放湿性のある素焼きに」などが提示されることがありますが、本当に効果があるでしょうか？

121頁の空気線図を用いて、詳しく説明していきましょう。

まずは冬の過乾燥時の湿度調整です。温度5℃で湿度60％の空気④の絶対湿度は約3g／kgです。この空気を、温度20度で湿度60％の空気⑥にするには、4g／kgの加湿が必要になります。24時間換気の風量が150㎥／h＝180kg／hの空気になるので、720g／h分の加湿をすることになります。

一方、気密が低い家の場合、隙間からの漏気を加味すると、1kg／h～1.5kg／hも加湿が必要になります。室内干しや、観葉植物などから水蒸気が発生しても、500g／h程度です。なので、気密が低い家の場合は、500g／h～1kg／hの加湿が必要となるのです。

これらは1日ではなく1時間単位での数値のため、1日で換算すると、12L以上の加湿が必要で、期間が2～4か月ほど続きます。つまり、これだけの量を珪藻土やセルロースファイバーなどの調湿性がある素材から出る水分でまかなうのは難しいでしょう。

ちなみに、夏場は、温度32℃で湿度60％の空気（①）の絶対湿度は18g／kgです。この空気を、温度26℃で湿度50％の空気（③）にするには、8g／kgの除湿が必要です。24時間換気が150㎥／h＝180kg／hの空気とすると、1440g／h分の除湿をすることになります。生活するうえで発生する水蒸気は300g／h程度なので、漏気を含めると2000g／hの除湿が必要となります。これは、冬より水分量が多くなります。

以上のことを考えると、水蒸気のコントロールには、気密を上げて漏気を少なくすることが大切です。そのうえで、換気量を調整したり（冬場は換気量を下げるなど）、室内に水蒸気が発生するものを増やしたり、調湿性のある素材を取り入れたり、加湿装置で調整したりするとよいでしょう。ただし、夏はエアコンで除湿するしかないと思います。

第4章

冷暖房機器

「省エネになる賢い冷暖房の選び方」

設備は数十年後まで考えて選ぶべし

家づくりでダクト（気体を運ぶ配管）を使った全館空調システムを検討する人もいると思います。ダクト式全館空調システムとは、エアコンのような冷暖房機器にダクトをつないで各部屋に空気を届ける方法で、一番の魅力は家全体の温度差が極めて小さくなること。エアコンの風もなく、ヒートショックのトラブルも避けられます。

ただし、家の規模によりますが、本体と工事で150万円以上かかります。エアコンを2〜3台設置したときに比べて2〜3倍も高くなります。もし導入を検討しているなら、耐久性やメンテナンス費まで考慮してください。特殊な工事のため修理代がかかるほか、職人不足が叫ばれている今、修理の順番を待っている間不便な生活をしなければならない可能性もあります。

ちなみに私の家は、汎用品のエアコンを24時間つけっぱなしにして過ごしています。住み始めて10年経ったときに一度、家中のエアコンを入れ替えました。エアコンのヒートポンプは15年が寿命とされていますが、24時間稼働させているせいか10年くらいでエアコンの効きが落ち、壊れました。

家の基本性能である断熱・気密工事をしっかり行えば、空調には一般的なエアコンを2〜3台設置するだけで十分快適な空間が実現できます。万が一故障したときも、残りの1台でまかなえます。どんなに高性能でも、1つの設備だけでは、修理中の期間は快適に過ごせないでしょうし、修理代も汎用品よりはかかってしまいます。

20年間でかかるエアコンの費用

※費用や期間は目安です。

ダクト式エアコンの全館空調

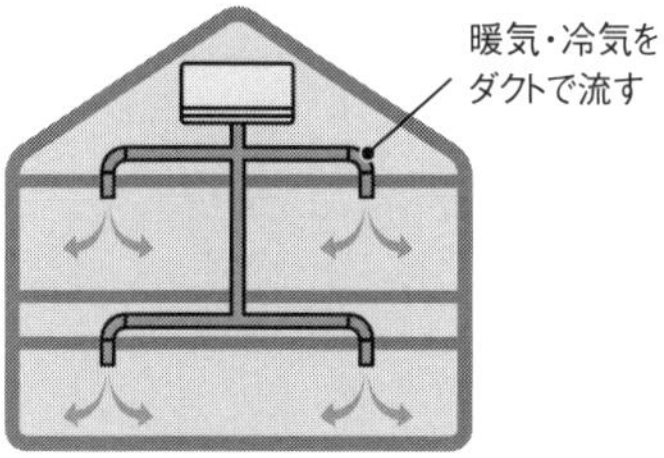
暖気・冷気を
ダクトで流す

初期費用
150万円

↓ 10年

エアコン部分のみ交換
50万円

↓ 10年

エアコン部分ダクト清掃等
100万円

↓

20年間で
300万円の出費

エアコン2台の全館空調

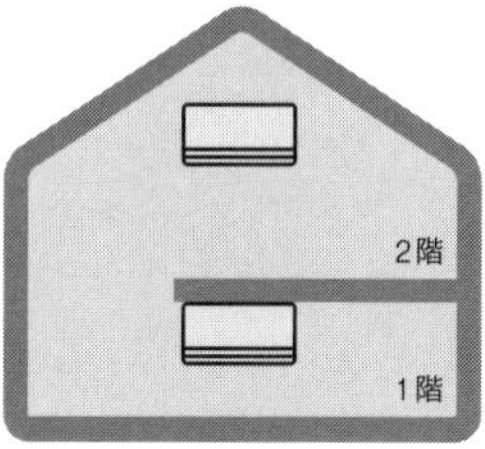
2階
1階

初期費用
50万円

↓ 10年

取り替え費用
50万円

↓ 10年

取り替え費用
50万円

↓

20年間で
150万円の出費

ダクト式エアコンで全館空調をする場合、数十年後にすべての設備を取り替えたとすると、さらに200万円はかかります。設備はいづれ壊れるからシンプルにするほうがよいかも…。

冷暖房費、かかりすぎていない？

ヨーロッパの多くの家では、セントラル空調設備と呼ばれる全館空調システムが採用されています。ヨーロッパはもともと冬の寒さが厳しいため、「家のなかの温度が16℃以下になってはいけない」という基準の国があります。また、韓国ではオンドルと呼ばれる家の床下全体を暖める床暖房設備が使われていました。このように寒さが厳しい国々では、昔から家全体を暖める家づくりがなされているので、家全体を暖めても光熱費がかかりすぎないように、高い断熱・気密性能が確保されていることも頷けます。

一方、日本では古来、暖房は火鉢を使って手足など、体の一部を温める採暖でした。そして現代では、各部屋を暖める「部分暖房」が採用されてきました。近年は住宅が欧米化し、部分暖房よりも家全体を暖める「全館暖房」がようやく日本でも浸透しつつあります。しかし、まだまだ多くの家で性能が見合っていないため、家全体を暖めようとすると莫大な光熱費がかかってしまいます。

左頁のグラフのように、家の性能を上げれば上げるほど、暖房のエネルギーを使わないため、光熱費は下がります。たとえば、私が推薦しているQ値1.0（G3）の家であれば、冬の一番寒い時期の暖房にかかる電気代は地域によりますが、月数千円〜1万円程度です。断熱・気密性能を高くするにはお金がかかりますが、快適で冷暖房費が少ない家になるので、どこにお金をかけるのが得なのか、よく考えてみてください。

断熱性能が高くなるほど光熱費が安くなる

●断熱性能の違いによる暖房負荷の減少率 木造戸建て住宅(6地域:東京)

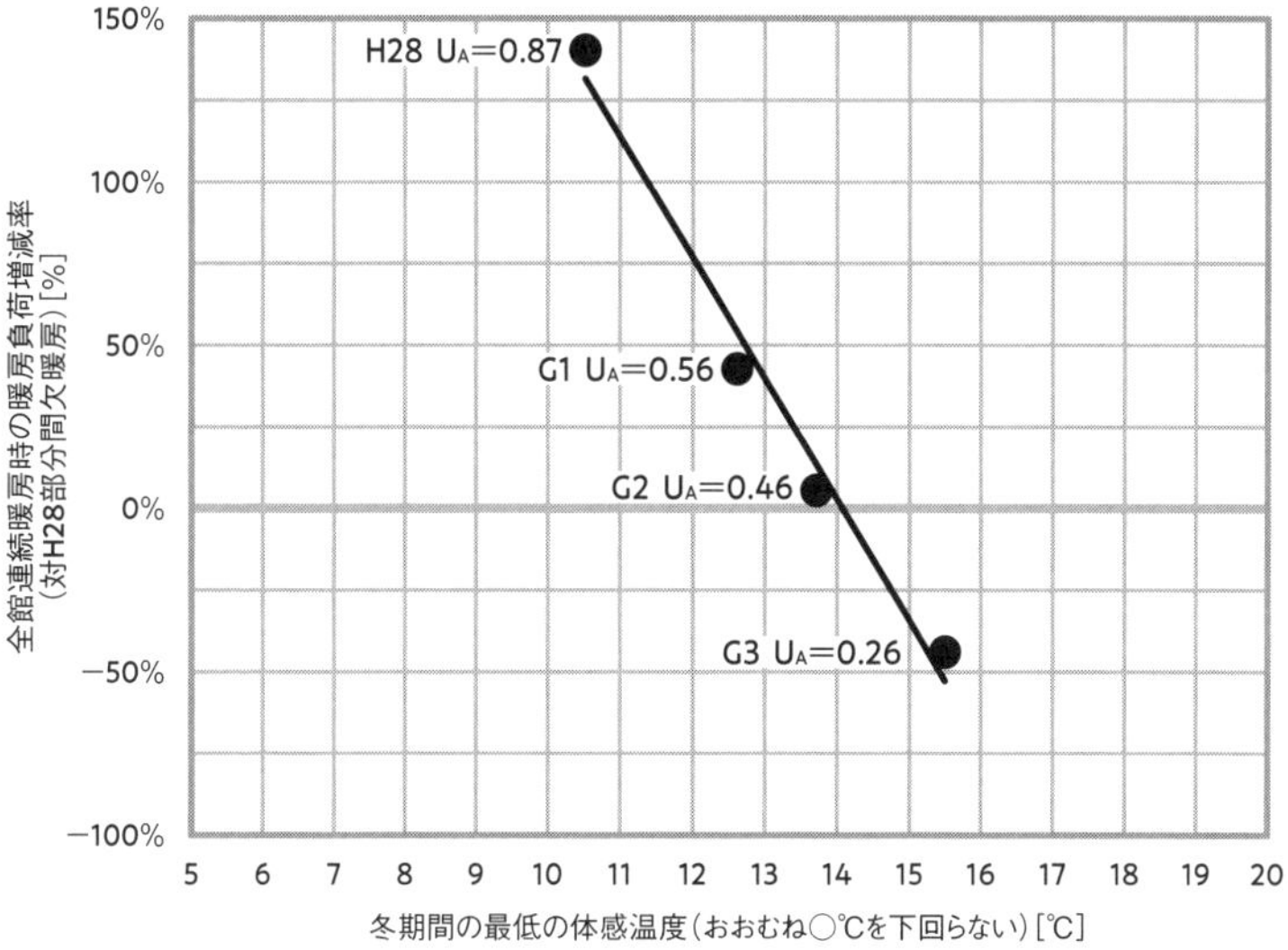
150%
100%
50%
0%
−50%
−100%
全館連続暖房時の暖房負荷増減率
(対H28部分間欠暖房)[%]
H28 UA=0.87
G1 UA=0.56
G2 UA=0.46
G3 UA=0.26
5
6
7
8
9
10
11
12
13
14
15
16
17
18
19
20
冬期間の最低の体感温度(おおむね○℃を下回らない)[℃]

断熱性能が高いほど、暖房負荷が減少している。つまり、暖房エネルギーが減るため、光熱費も抑えられることが分かる

出典:2020年を見据えた住宅の高断熱化技術開発委員会「HEAT20　新たな外皮性能水準ー戸建・共同住宅」

快適性に暮らしたいと思えば、全館冷暖房が最適です。ただし、中途半端な断熱性能だと、莫大な電気代がかかります。
寒がりだから、24時間暖かい家で暮らしたいわ!

超高断熱住宅の設備は夏を旨とすべし

「家は夏をもって旨とすべし冬はいかなる所にも住まる」というのは、かの有名な徒然草の一節。この言葉には、冬場は暖をとったり着込んだりすることでいかようにも過ごせるけれど、夏場はそうはいかない、蒸し暑い気候条件の日本では夏場に合わせた家づくりをすると失敗しない、という意味が込められています。

この考え方は、断熱性能を非常に高めた家（Q値1.0）ができていれば、理にかなっています。冬場に暖房がなくても、日射などの自然エネルギーや人体・家電からの発熱で乗り越えれることは、70頁で触れました。しかし夏場はそうはいきません。夏、窓を開けて通風しようと考える人がいるかもしれませんが、夏は空気自体の温度が高く、湿度も高い。窓を開ければ、虫やほこりも入ってきます。窓を開けないでエアコンをつけっぱなしにしていれば、冷房費がかかり家計が…という声が聞こえてきそうですが、断熱性能が高ければ、思っているほど冷房の光熱費はかかりません。

ただし、部屋のなかに日射が入り込まないように丁寧に設計してもらうことが大切です。超高断熱住宅では、一度、中に入った熱はなかなか外に出すことができません。どんなにエアコンの能力が高くても、それを上回るほどの日射熱で部屋の中は暑くなってしまいます。だからこそ断熱性能が非常に高い家は夏を旨とし、それに見合った日射遮蔽の設計や対策を行い、冷房設備を選ぶことが大切なのです。

熱は室内でも発生している

熱は、日射だけでなく人の体や家電製品からも発生している

家電による内部発熱量の目安

家電製品	消費電力（W）
IHクッキングヒーター	3,000
電子レンジ・アイロン・炊飯器	1,400
ドライヤー・掃除機	1,000
食器洗い乾燥機	900
冷蔵庫	200～300
扇風機	34
LED電球	8

エアコンの消費電力量は、1か月の消費電力の平均÷30日＝10kW程度である。24時間で割った場合、400～500W/hの熱を発していることになる

「外から入ってくる熱量」＋「室内で発生する熱量」＋「潜熱」＝「必要冷房量」です。夏は、日射を遮りながら、部屋で発生する熱を減らす工夫をすることで、省エネになります。

使い方で変わるエアコンの選び方

家電量販店にエアコンを見に行くと、「●帖用」と大きく書かれた店頭ポップが貼られています。エアコンには「定格冷房出力」「定格暖房出力」というものが決められていて、エアコンの冷やす力、暖める力は機種ごとに異なります。たとえば、木造住宅6畳用の定格冷房出力は2.2kWと決められています。この数値は、断熱材が使われていない部屋を暖めたり冷やしたりすることが前提なので、断熱・気密性能が高い家には当てはまらず、記載されている数値よりも大きな部屋で使っても十分まかなえることがあります。

従って、性能が高い家でエアコンを選ぶ場合は、部屋の広さではなく、運転方法と断熱・気密性能と日射取得量でスペックを選びましょう。Q値1.0の家の場合、6帖用の定格冷房出力2.2kWのエアコン1台で、50坪の家を1軒まるごと暖めることができます。エアコンは小さければ小さいほど機械代も電気代も安くなるので、その後何十年と使用したときの家計への効果も計り知れません。

さらにお財布にやさしいエアコンの使い方は、24時間自動運転にすることです。旅行で数日間家を離れる場合も、多少設定温度を緩めてでも稼働させておきます。高性能住宅とはいえ、エアコンを止めると夏ならば外の暑さに、冬ならば外の寒さに家の中の温度が近づきます。旅行から帰って再び運転させるときに使う大きなエネルギーよりも、運転し続けるほうが経済的なのです。

家の性能が高いとエアコン費用が安くなる

●エアコンの能力一覧表

	冷房能力 (kW)	最大冷房 (kW)	最大暖房 (kW)	APF	COP (効率)	参考価格 (※)
CS-X220D	2.2	3.4	5.7	7.2	5.18	176,000円
CS-X250D	2.5	3.5	6.2	7.1	5.00	198,875円
CS-X280D	2.8	4.2	7.1	7.2	5.44	207,966円
CS-X360D	3.6	4.3	7.1	6.6	4.36	215,453円
CS-X400D	4	4.5	7.1	6.3	4.17	227,689円
CS-X400D2	4	5.4	11.5	7.2	4.82	227,706円
CS-X560D2	5.6	5.7	11.5	6.5	3.68	241,710円
CS-X630D2	6.3	6.4	11.5	6.2	3.50	239,509円

出典：パナソニック「2020年エアコンカタログ」　※2020年5月時点での価格.comから制作

エアコンの仕様は、「Q値×家の面積×室内外温度差」−「内部発熱量」−「日射熱量（今回は未算入）」＝必要暖房エネルギーで求めることができる
たとえば東京の場合、
【Q値1.0】1W×150㎡×15℃−500W＝1.3kW
【ZEH】1.9W×150㎡×15℃−500W＝3.28kW
【28年省エネ基準】2.7W×150㎡×15℃−500W＝5.08kW
エアコンの機種を選ぶときは、高めのスペックのものを選び、余裕をもたせるとよい。
上記の計算は、断熱・気密が低ければ、暖房の設定温度が上がるため、より多くのエネルギーが必要となる

エアコンの種類はたくさんありますが、運転の方法で機種選びが変わります。小さめの機種を選べばイニシャルとランニングが抑えられます。エアコンの能力表を見ると、効率がよいのは2.8kwタイプのCS-X280Dです。価格が安めで高効率なのはCS -X220D、280D、400D2です。断熱性能の高い家では、暖房時ではなく、冷房時を考慮してエアコンを選びましょう。

不快にならないエアコンの設置方法

家づくりをしているとエアコンの設置位置に悩みます。インテリアの邪魔にならない場所を選んだとしても、エアコンが効かなければ意味がありません。「何となくこの辺かな…」で取り付けてしまうと失敗します。数台のエアコンで全室冷暖房するには十分な検討が必要なのです。それでは、部屋のどこにエアコンをつけるのか説明します。

●冷房用エアコン できるだけ高い位置に設置するのがセオリーです。冷たい空気は重く、下に流れるので、高い位置に設置して冷たい空気を吹き下ろすイメージで使います。小屋裏や、2階・3階の高い位置がベター。冷房の場合、暖房とは異なり輻射や伝導で冷やすことが難しく、気流に乗せて冷気を運びます。また、部屋を細かく仕切ると、冷風を各部屋に送り込まなければならないので、間取りとエアコンの位置が重要になります。

●暖房用のエアコン 冷房とは反対の考え方で、1階などのできるだけ低い位置につけてください。暖かい空気は軽いため、上に流れます。床下エアコンが注目されているのは、床下から家全体を均一に暖めることができるからです。ただし、断熱・気密性能を十分に高める必要があります。

冷房でも暖房でも、風が当たるため不快な冷暖房機器だと思う人もいますが、実際は違います。家の性能が高ければ、風が当たらなくても家の室温と表面温度が適温になるので、快適と感じます。

不快なエアコンと快適なエアコン

各部屋にエアコンを設置して、人がいる部屋だけ運転している家

部屋にいるときだけエアコンを使うと、エアコンのついていない廊下やトイレは暑い。エアコンをつけている部屋は冷風が当たり不快に感じる

空気の性質を生かしてエアコンを設置している家

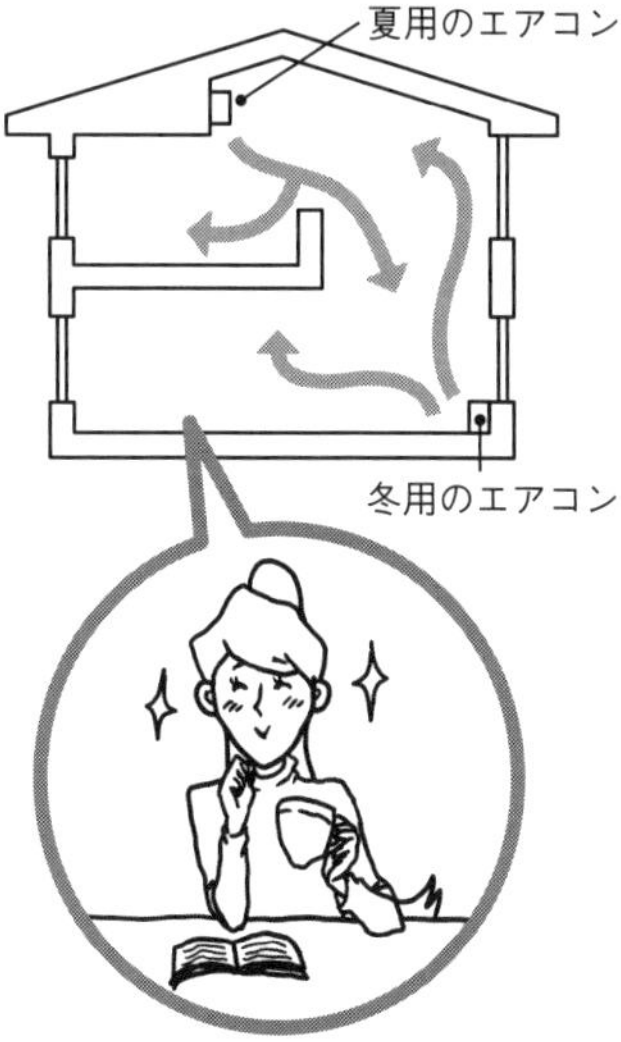

夏は、上部に設置したエアコンから冷たい空気が吹き降ろされるので、家全体が涼しい。体に風が当たらないので不快と感じない

豆知識

床下エアコンの注意点

床下にエアコンを設置する「床下エアコン」を採用した場合、エアコンの保証が効かない場合があります。本来床下に設置する想定で電機メーカーはエアコンをつくっていないからです。心配な方は、事前にメーカーに確認するか、床暖房や床下放熱器など違う方法を選択するとよいでしょう。

エアコン1台で快適な家をつくる

性能が高ければ、エアコン1台で快適な家をつくることができます。ただし、間取りが制限されたり、設備が複雑になったりするので、エアコンを複数台設置するよりイニシャルコストが上がる場合もあります。そのため私は、複数台を設置して、季節に合った1台を稼働させることをお勧めしています。

エアコン2～3台を設置する方法を紹介しましょう。1台目のエアコンは暖房用に1階の床下か床上に設置します。温まった空気が上昇して家中を暖めてくれます。1階の床は1～2℃高めに暖まるので、足元が冷たくなく、快適度がアップします。2台目のエアコンは冷房用として小屋裏に。冷たい空気は下に流れる性質を利用して、家の高い位置から家中に冷気を送りこみます。ほかにも床下エアコンの代わりに、床暖房やファンコンベクター、ダクト式の全館空調などがあります。これらは、家の間取りや住まい手の暮らし方によって変わりますので、住宅会社とよく相談して決めていきましょう。これだけでも十分ですが、あえてもう1台追加するならば暮らしの中心になるリビングに3台目を設置します。パーティなどで人が集まるときや、焼き肉や鍋物などで部屋の温度が上がりすぎたときに使うエアコンです。

夏と冬以外の季節でエアコンを使うとすれば、春冬と秋夏です。暖房を使う春冬は床下エアコンを、冷房を使う秋夏は小屋裏エアコンを稼働させて、合理的に温度調節を行います。

高性能住宅のエアコンの設置方法

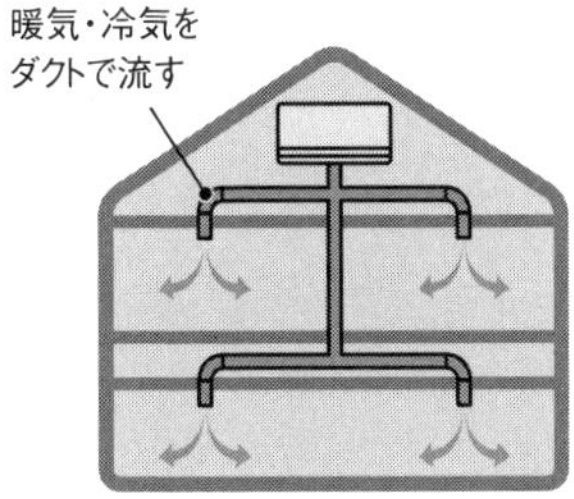
暖気・冷気を
ダクトで流す

能力の高いエアコンを設置し、ダクトを使って各部屋に冷気と暖気を運ぶ方法

超高断熱高気密住宅にし、無暖房でエアコンは冷房のみ使用する方法

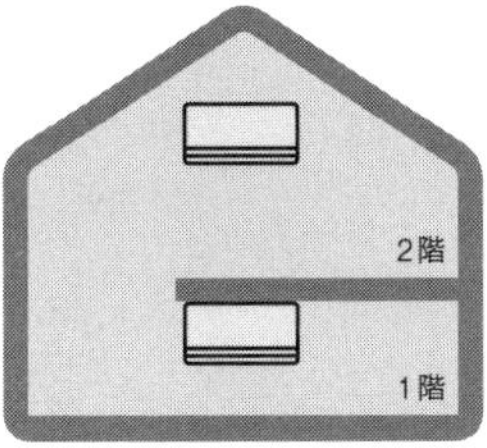
2階
1階

エアコンを上下階に設置する方法。季節によって使うエアコンを分ける

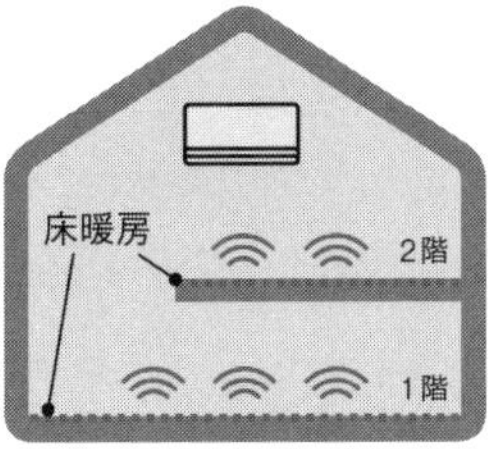
床暖房
2階
1階

エアコン1台と、冬場の足元の寒さ対策として床断熱を設置する方法

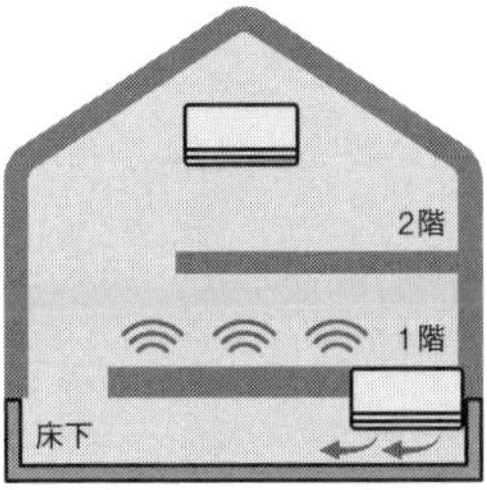
2階
1階
床下

高い位置に夏用のエアコンを、床下には冬用のエアコンを設置する方法

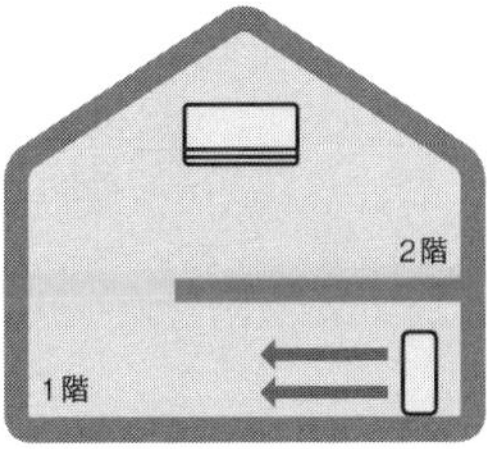
2階
1階

高い位置に夏用のエアコンを、冬用に床置き型エアコンを設置する方法

湿気対策で快適を手に入れる

夏の日本は湿度が高く不快です。「ハワイの夏は快適」というのは湿度が比較的低いため。気温が同じでも湿度の高さで不快感は大きく変わります。一般的に、湿度が40〜60％だと快適だと感じます。

夏は湿度が高くなり、60％以上になると、肌がベタベタしたり、空気が蒸したりして、不快に感じます。また、カビやダニが発生しやすくなります。これらを防ぐためには除湿をしましょう。

一方、冬は湿度が低くなり、40％以下になると、肌が乾燥したり、喉がイガイガしたりします。また、風邪やインフルエンザなどにもかかりやすくなります。冬場、湿度を上げれば、結露が起こりやすく、窓にできる結露は拭き取ればよいのですが、怖いのは壁体内結露です（61頁）。

このように、快適な環境をつくるには、温度だけでなく、湿度の調整も必要になります。たとえば、冬場に湿度を30％上昇させると、3℃の気温上昇と同じ効果があります。夏も同様で、湿度が下がると室温が同じでも涼しく感じます。うまく湿度を調整すれば、エアコンの設定温度を変えなくても、快適性を上げることができます。

冬場の湿度調整の方法として、加湿器に頼ることもできますが、お風呂の蓋を開けておく、観葉植物や熱帯魚を育てる、換気量を少し抑える、部屋干しをするなど、生活の工夫で湿度を上げることができます。一方、夏の湿度コントロールには、少しコツが必要です。次頁でお話ししましょう。

夏は湿度を下げ、冬は湿度を上げる

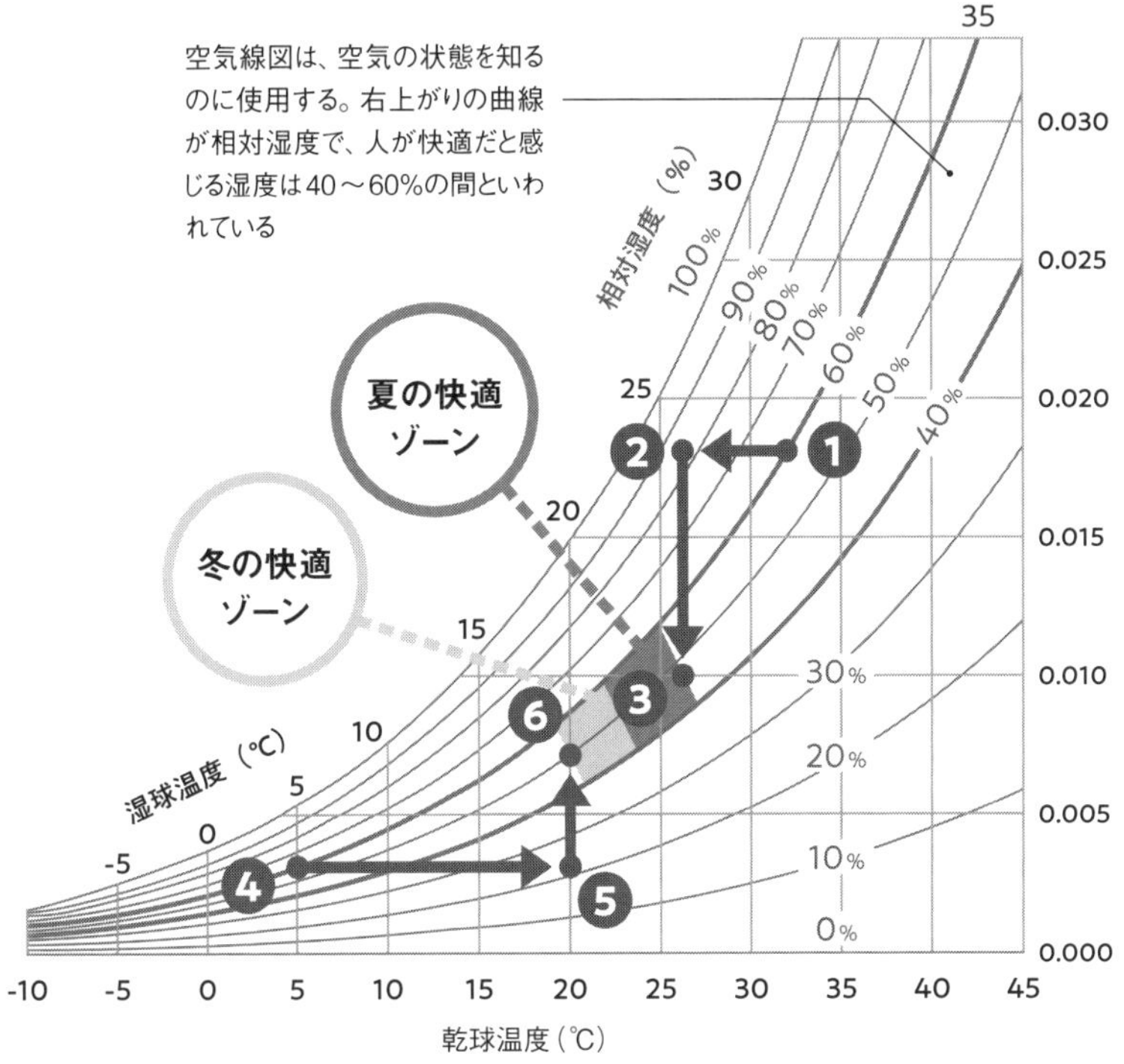
空気線図は、空気の状態を知るのに使用する。右上がりの曲線が相対湿度で、人が快適だと感じる湿度は40～60%の間といわれている
夏の快適ゾーン
冬の快適ゾーン
相対湿度（%）
100%
90%
80%
70%
60%
50%
40%
30%
20%
10%
0%
湿球温度（℃）
-5
0
5
10
15
20
25
30
35
絶対湿度（g / kg）
0.030
0.025
0.020
0.015
0.010
0.005
0.000
-10
-5
0
5
10
15
20
25
30
35
40
45
乾球温度（℃）
1
2
3
4
5
6

●冬季の湿度調整

温度5℃で湿度60%の空気（❹）を、20℃まで暖めると湿度が21%になり（❺）不快と感じる。そこで、加湿を行い、湿度を50～60%に上げる（❻）と快適と感じる

●夏季の湿度調整

温度32℃で湿度60%の空気（❶）を、26度まで冷やすと湿度が85%になり（❷）不快と感じる。そこで、除湿を行い、湿度を50～60%に下げる（❸）と快適と感じる

※夏は着衣量が少ないので、快適温度は23℃～26℃。冬は着衣量が多いので、快適温度は20℃～23.5℃。湿度の快適範囲は、冬は20%以上で、夏は25%以上だが、ウイルス対策などの観点から40%～60%で記載している

エアコンを使った夏場の湿度対策

　前頁では、夏と冬の湿度対策の必要性について触れました。ここでは、夏場の嫌なジメジメ感をなくすために日頃からできることを紹介します。

　夏場の設計のポイントとして日射遮蔽が鍵になることはすでにお話しました（68頁）。日射が入ってこなければ、部屋の温度が上昇しないというメリットはありますが、実は落とし穴があるのでご注意ください。日射遮蔽で温度は上がらなかったとしても、換気をすることで夏のジメジメとした空気が部屋に入ってきてしまうので、結果的に何らかの湿気対策が必要になるのです。

　日射遮蔽が考え抜かれた「夏涼しい家」はエアコンを24時間運転にしていても、室温がすでに設定温度になっているため、エアコンの動きが弱く湿度を下げられません。「再熱除湿」に設定して湿度を下げる方法もありますが、電気代がかかるので最終手段として考えてください。エアコンのほかに除湿器を置いたほうが安く済む場合もあります。まずはエアコンが弱風で運転できる工夫をしていきましょう。

　もしもカーテンやブラインドで日射を遮っているのなら、少し日射を入れて部屋の温度を上げてみてください。温度が上がれば、すぐにエアコンが動き出して湿度も除去されるでしょう。

　近年、気候変動が激しいこともあって、家の性能を完璧につくりこむことは本当に難しい。自分たちで調整できるようにしておくことで、どんな季節でも臨機応変に対応ができます。

湿度調整はエアコンが一番省エネ

●除湿量の比較

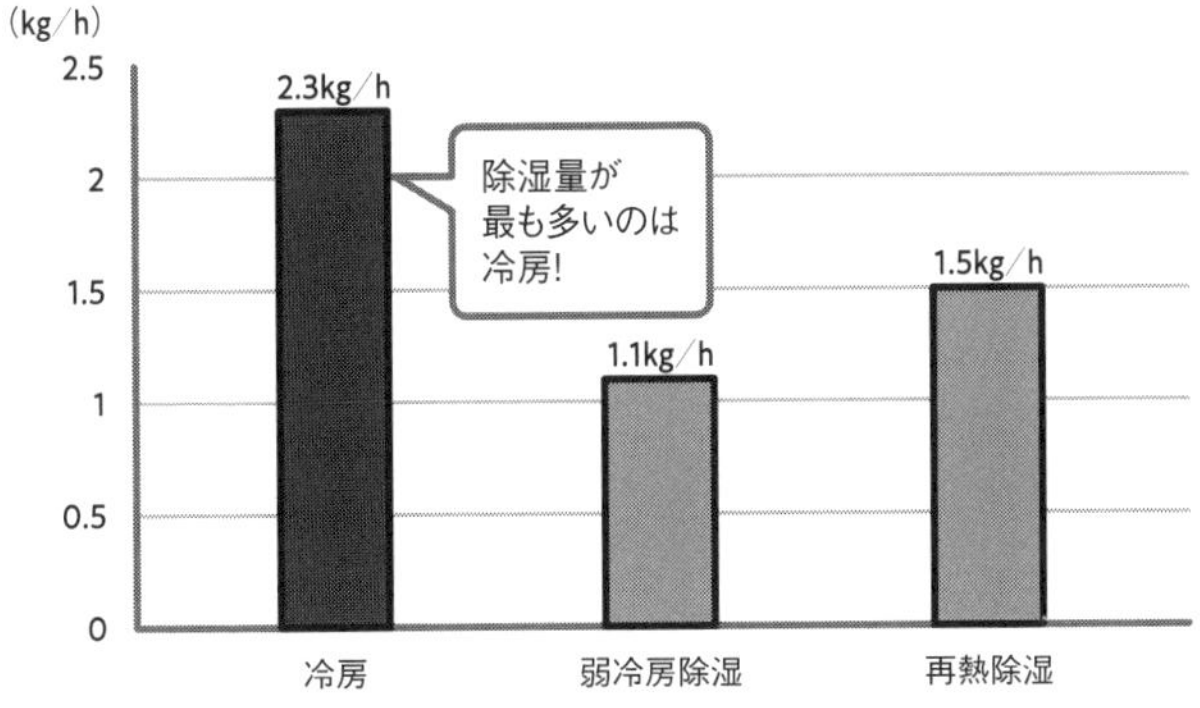

出典:東京電力「エアコンの『冷房』と『除湿』の上手な使い方:除湿量の比較」

●設定温度24℃のときの各モードのコスト比較

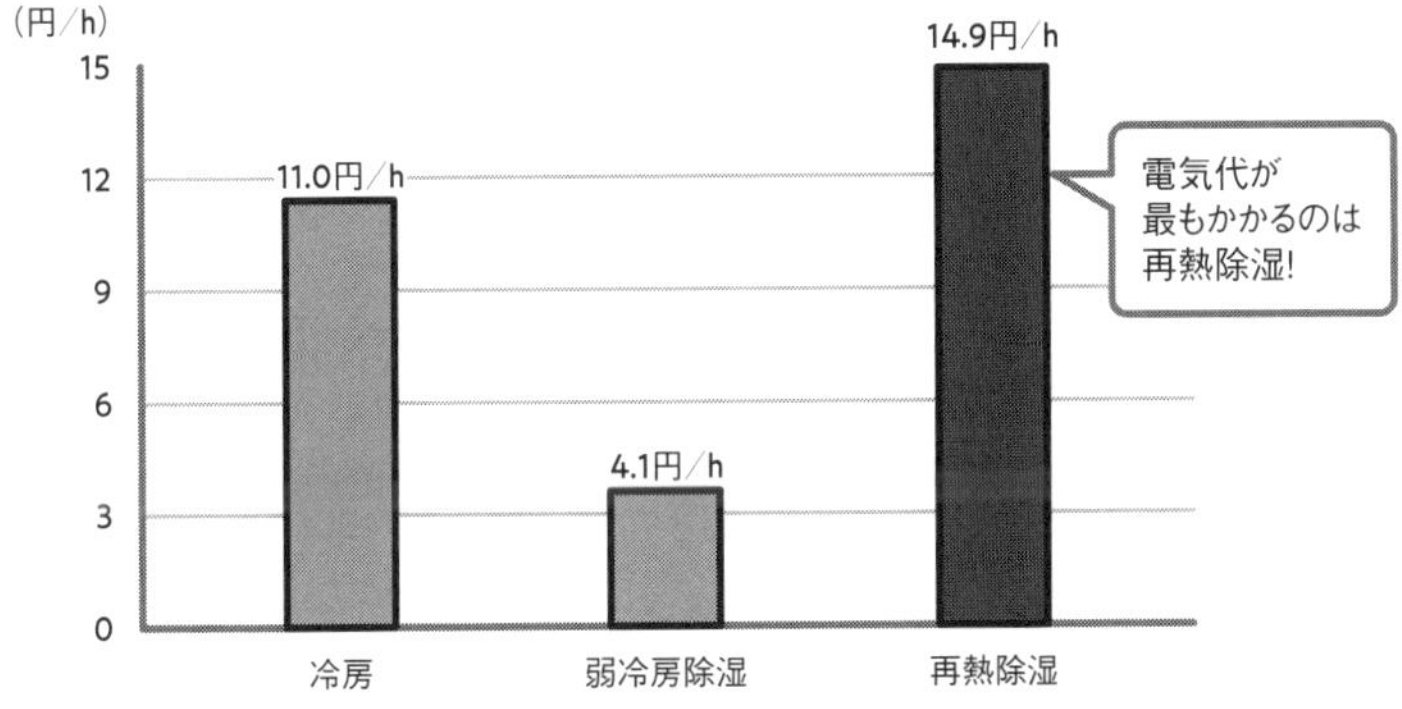

出典:東京電力「エアコンの『冷房』と『除湿』の上手な使い方:コスト比較」

冷暖房機器にはどんなものがある？

冷暖房機器を調べると、さまざま種類があります。代表的なものをご紹介しましょう。

●冷房機器　冷房は基本的にエアコンです。配管に冷水を流して輻射熱で部屋の温度を下げる冷水輻射パネルもありますが、一般的ではありません。エアコンにプラスするのであれば体感温度を下げられる扇風機などをお勧めします。

●暖房機器　最もメジャーな暖房機器はエアコンです。高性能住宅では24時間つけっぱなしにしておく運転方法が基本です。温度センサーがついているので自動的に調整され、低コストで快適な温度を保ってくれます。問題点をあげるとすれば、エアコンの風です。直接体に当たらないような方法を考えることで解決できます。

「頭寒足熱」の環境をつくる場合は、床下エアコンや床暖房（126頁）もお勧めです。床下エアコンとは床の下にエアコンを設置する方法で、床下空間から家を温めるので、足元が寒くなく、かつ床下空間を乾燥させる役割も果たします。

寒い地域では灯油ストーブを使って一気に部屋を暖める家庭もあります。電気のエネルギーと違って燃焼のエネルギーは強力で即効性があります。

人が快適と感じる温度・湿度には個人差があります。最初から暮らし方を固定するのではなく、朝方は冷えるから暖房を使う、日射が入りすぎるときはすだれを付けるなど、2～3年かけて自分たちが快適だと感じる暮らし方を探していくとよいでしょう。

冷暖房機器のメリット・デメリット一覧表

	デメリット	メリット
エアコン	部屋中が暖まるまでに時間がかかる。風で冷暖房するため、室内の高所と低所で温度差ができやすい。機械内にカビが発生することがある	ヒートポンプを使っており、電気代が安い。一般的によく使われている機器なので設備費用が安価。工事会社も多く、壊れても対応が早い
扇風機・シーリングファン	機械自体が冷暖房するわけではない。空気を流すことで体感温度を下げるため、一定以上の効果は望めない	設備費が安価で、電気代が安い。冷暖房と併用して使うと、体感温度が下がり、快適に感じる。空気を部屋全体に流し、上下の温度ムラを減らしてくれる
床暖房	床材の種類に制限がある。10年に1回不凍液の交換などのメンテンス費がかかる。熱源にもよるが、部屋中が暖まるまでに時間がかかる	快適性が高く、輻射熱で暖めるので、風がなくほこりを巻き上げない。機器自体がデザインに影響しない。熱源は電気やガスなどを選ぶことができる
パネルヒーター	取り外しができない。輻射パネルがついているため、デザインを考えて配置する必要がある。10年に1回は不凍液の交換などのメンテナンス費がかかる	輻射熱で室内を暖めるため、安全性が高い。風がないので、ほこりを巻き上げない。窓の下などに設置すれば、コールドドラフト対策ができる
ファンコンベクター	風を流して暖めるため、ほこりや小さなごみなどを巻き上げる。配管費と、10年に1回は不凍液の交換などのメンテナンス費がかかる	短時間で室内を暖められる。燃焼タイプでないので空気が汚れない。また、安全で静かである。使用しない時期は機械を片付けることができる
ペレットストーブ・暖炉	ランニング・イニシャル・メンテナンスコストのすべておいて、費用がかかる。気密の高い住宅では、煙が逆流する可能性があるので注意	趣味として楽しむこともできる暖房器具。環境にもやさしく、熱量も大きい。輻射暖房なので風がなく快適性が高い

頭寒足熱であったか気持ちよい床暖房

冬に暖房をつけていても足元の温度が低ければ寒く感じます。だからといって、暖房の設定温度を上げれば、顔のあたりだけ温められてぼーっとしてしまいます。このように感じるのは、暖かい空気は軽く、上に溜まる性質があるからです。高性能な住宅でも足元の温度は若干低いため、床が温かく足裏が温められると非常に快適だと感じます。

●頭寒足熱　床暖房は足元から全身を温めてくれます。まさに「頭寒足熱」の環境が実現できます。

●空気を巻き上げない　エアコンの風や、その風が巻き上げるほこりやごみが気になる人も多いと思います。床暖房は無風なので、ほこりを巻き上げません。また、風が体に当たる不快感もありません。

●快適な湿度を保つ　エアコンで空気の温度を温めると、湿度が下がり乾燥してしまいます。しかし床暖房は空気ではなく輻射熱で足元を温めます。床暖房は部屋の空気の温度を上げすぎないため、室内の温度を下げられるので相対湿度が上がり乾燥を防げます。室内外の温度差も減り、室外に逃げる熱の量も少なくなります。

●デザイン性が上がる　床暖房は床自体を温めるので、放熱器が見えません。そのため、設置位置を気にすることなく、空間をつくれます。

このように床暖房にはメリットがたくさんあります。ただし、デメリット(左頁)もあるので吟味して選んでください。

床暖房はなぜ快適なのか

●エアコンと床暖房の肌水分量の推移

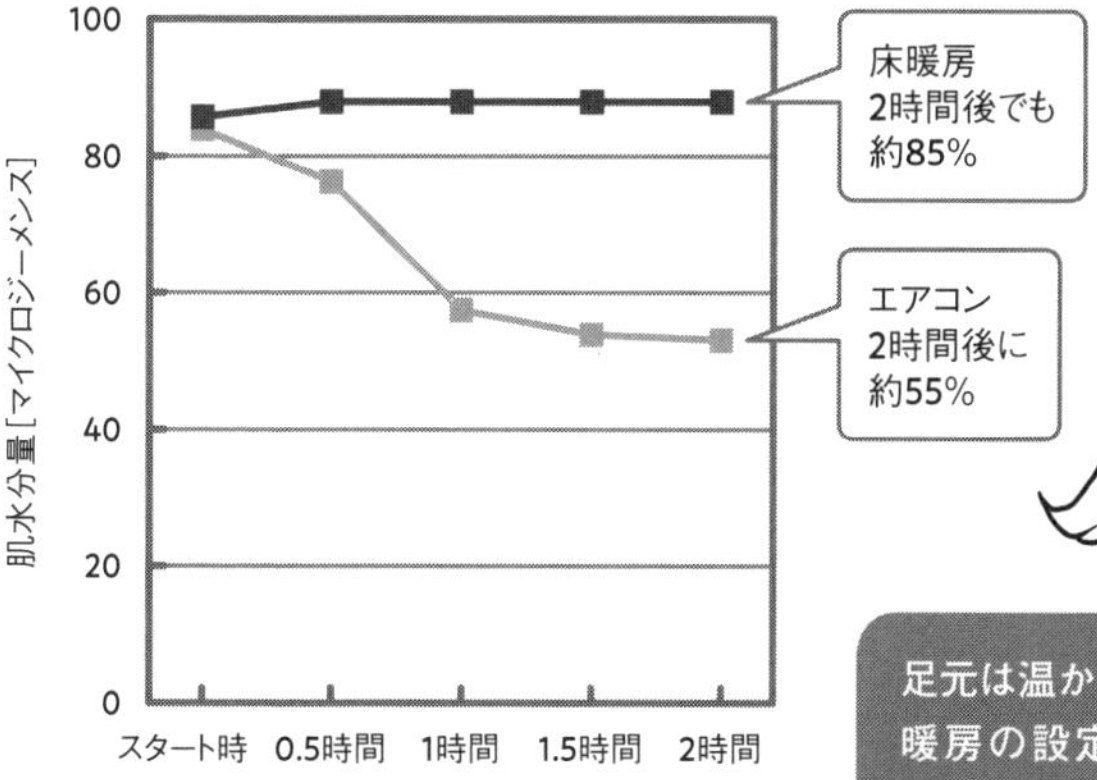
肌水分量［マイクロジーメンス］
100
80
60
40
20
0
スタート時
0.5時間
1時間
1.5時間
2時間
床暖房
2時間後でも
約85%
エアコン
2時間後に
約55%

出典：東京ガス「床暖房にすると、空気のいい家になる。」

足元は温か、乾燥もしない。暖房の設定温度を下げると、省エネにもなるし一石二鳥以上の効果ね！

●床暖房のデメリット

- 電気式床暖房は電気代がかかる
- ヒートポンプは立ち上がりが非常に遅い
- ガスとヒートポンプの併用が好ましいが、イニシャルコストが高い
- 使用する床材に制約が出る場合がある
- 断熱性能が低い家では高温にしないと暖房量（エネルギー）が足りない

寒い冬の日でも床暖房があれば、体の芯まで温まるね。

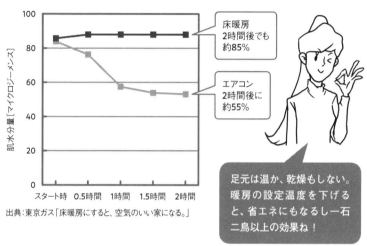

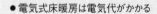

オール電化が最適？

一時オール電化住宅が流行りましたが、すでに過去の話になりつつあります。オール電化住宅が広まったのは、安い深夜電力を使った設備機器に魅力を感じた住宅会社が「エコキュート」と呼ばれる給湯設備を推進したためです。

深夜電力は、もともと原子力発電でつくられた電気です。夜間に電気を活用してもらうために比較的安い料金体系が考えられていました。しかし、一昔前までは深夜の電気料金が6円／kWh程度でしたが、現在では約3倍近くになっています。東日本大震災以降、原子力発電も止まっているので、深夜電力でお湯を沸かしたり、暖房したりするという考えはなくなっていくでしょう。逆に、昼間の日射熱や太陽光発電を利用して、お湯を沸かしたり、暖房効率を上げたりする方向になると思います。

ただし、オール電化住宅の施工に慣れてしまった住宅会社が、電気以外のエネルギーを使う機器の提案をしないままオール電化住宅の建設が進んでしまっている実態がまだあります。

私の結論は、オール電化がすべてではないということです。冷暖房機器と同様に、将来的なメンテナンスコストも視野に入れて、選択すべきです。ちなみに、電気は、発電で使われる1次エネルギーの3～4割しか家庭に届きません。発電・送電の過程で半分以上ロスしてしまうのです。このように地球環境まで考えると、電気以外のガス給湯器などを検討する必要もあるでしょう。

電気の発電・送電ロスは大きい

ガスのほうがエネルギーのロスが少ないなんて、知らなかった！ オール電化が主流かと思っていたけど、改めてエネルギーを調べたほうがよさそうだな。

●ガス

ガス製造所
LNG
パイプライン
ガス
100%
100%

●電気

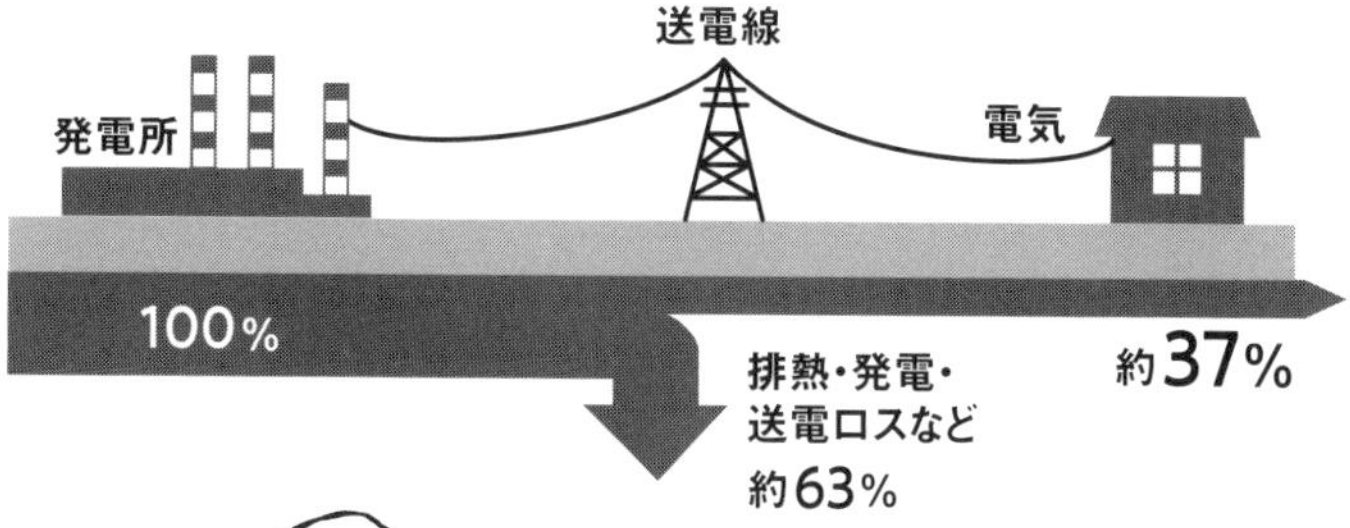
送電線
発電所
電気
100%
排熱・発電・送電ロスなど
約63%
約37%

電気・ガスの自由化により基本料金のない契約プランもあります。また、電気だけに頼ると、災害時に電気が途絶えたら……災害時のリスクの分散も検討してみてください。

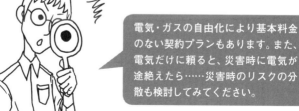

太陽光発電と蓄電池は必要？

日本のCO_2削減目標を知っていますか？ ２０５０年には、２００５年の排出量と比べて80％の削減が目標になっています。住宅でいえば全ての家に太陽光発電が必須となるような目標数値です。ここでは、削減目標のためだけではなく、もっと家計に近い視点で、太陽光発電の必要性を考えてみたいと思います。

一番の理由は、電力会社から買う電気は、値上げされる可能性があるためです。これまでも電気代の値上げはありました。東日本大震災後、火力発電が中心となり、価格が上昇したのです。今後、天変地異や世界情勢の変化によって値上げされることも大いに考えられます。あってはならないことですが、万一中東で戦争が勃発した場合、原油が高騰することも想像できます。

できるだけ電力会社に頼るのではなく、電気を自給自足する方法として太陽光発電は有効です。家族の暮らしや将来を守るため、そして将来の生活を安定させるという意味で、さまざまなリスクを回避してくれるでしょう。

蓄電池は住宅用よりも車載用のものに注目しています。「ＰＨＥＶ車」は走りながら発電し、余剰電力を車載バッテリーに蓄電できるので、住宅用の蓄電池を用意するよりも、コストパフォーマンスがよいかもしれません。今後のＰＨＥＶ車の普及を考えると、車載バッテリーのリサイクルが盛んになり、家庭用の蓄電器として活用される世の中になるのではないでしょうか。

日本が目指すエネルギーのあり方

〈削減目標〉2030年度26％削減、目指すべき方向性として2050年度80％削減

2020年度は05年に比べ3.8%減、'30年は13年に比べ26%減、'50年で80%の削減を目標としている

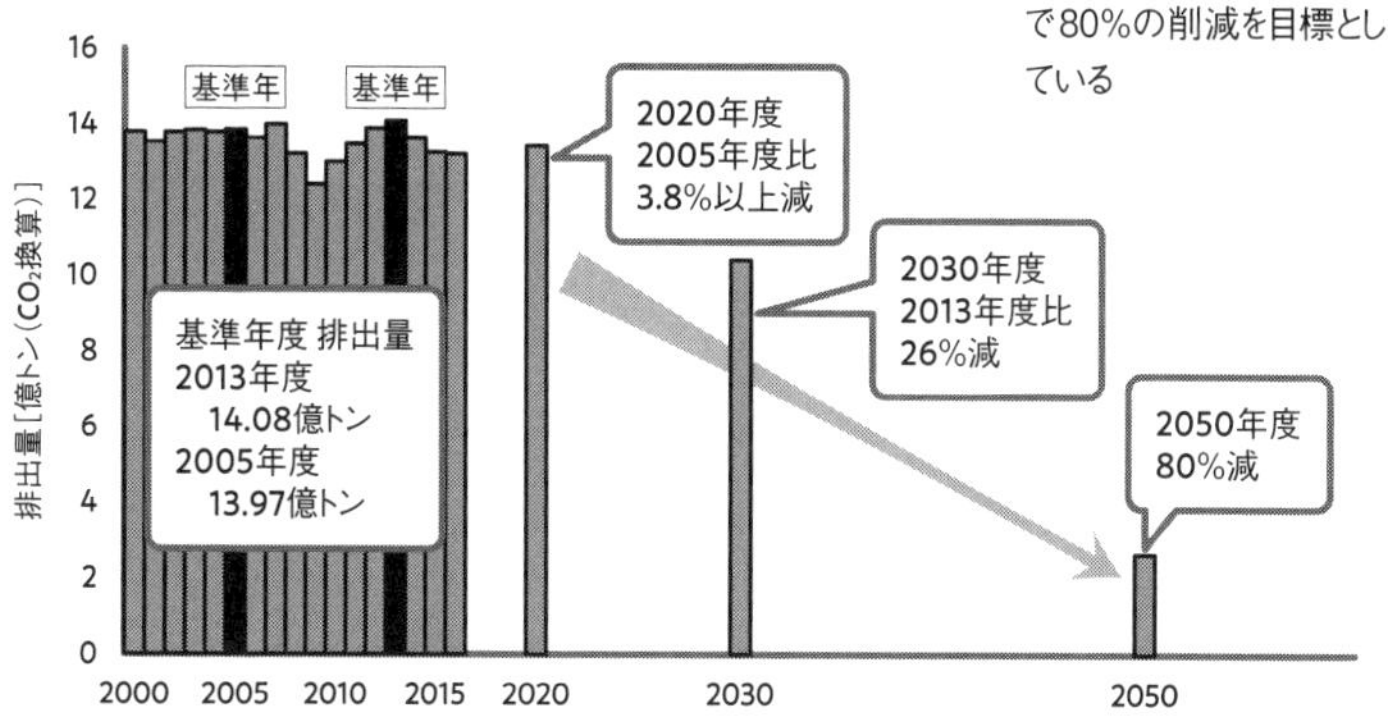

出典：「2015年度の温室効果ガス排出量（速報値）」および「地球温暖化対策計画」から作成

車種別販売台数（世界）の将来予測

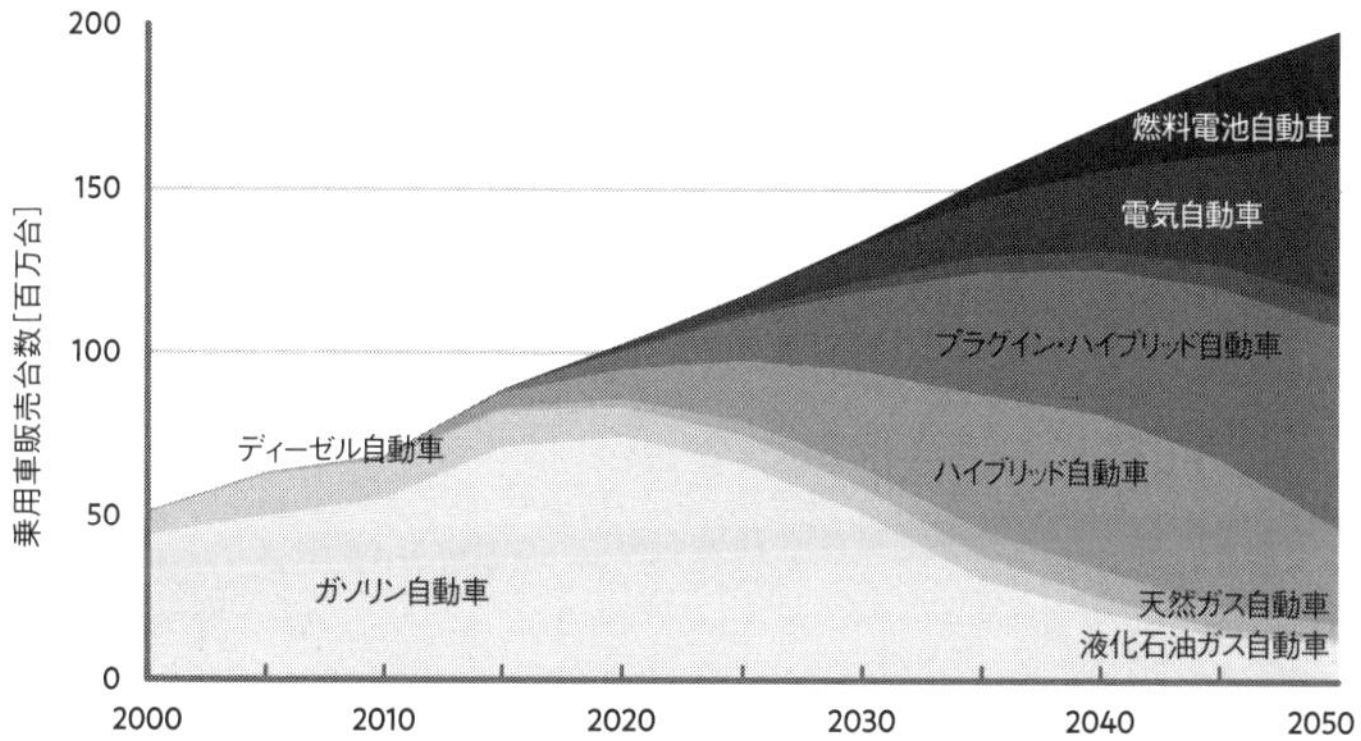

2050年には、ガソリン自動車をなくし、電気自動車やハイブリッド自動車が普及することを示している
出典：経済産業省「車種別販売台数（世界）の将来予測」

チェック項目

[冷暖房機器]

- ☑ 自分たちの生活スタイルと断熱性能、日射取得を考えた暖房設備ですか
- ☑ イニシャルコストよりランニングコストを考えた設備選びができていますか
- ☑ オール電化が最安か、電化以外も検討しましょう
- ☑ 家の性能と合ったエアコンの能力ですか
- ☑ 将来のことも考え、太陽光パネルが設置可能な屋根形状ですか

新しいものよりも定番品

これは私自身が身をもって体験したことです。住宅会社に勤めていたときに、海外から入ってきた新しい施工方法を用いて木造戸建て住宅を建設していました。新工法は、海外では実績があったのかもしれませんが、日本では歴史もなければ、前例もそう多くはありません。耐久性に関してどこか嫌な予感を感じていたところ、20年経ってから突然ガタガタと劣化が生じました。

このときに学んだのは、新しい商品や施工方法は、耐久性が十分に検証されていないがゆえに、先々のトラブルが予想しにくいということです。「想定外」といわれても、気づいたときには保証時期が過ぎていたり、保証の範囲外だったりすることが多く、自己負担になりかねません。

また、私の知り合いは某大手ハウスメーカーに勤めているのですが、その会社ですら、オリジナルの工法で建設した家の雨漏りに悩まされ続けているそうです。その工法で建てた家に住む人たちからも、雨漏り被害が多いという話を耳にしています。

●夏の日中の熱負荷の割合

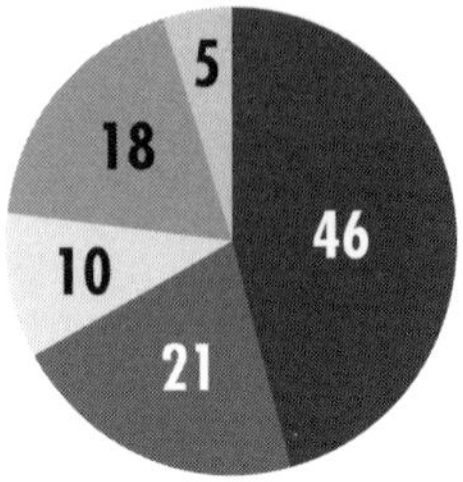

こうした経験から、新商品やオリジナル工法を検討するときは、「20年〜30年先にも使用上の問題が生じないか」「万が一壊れたとき、修理はどの業者でもできるか」「部品交換は可能か」などをしっかり考えるようにしています。

昔から取り入れられている工法や素材など、選ばれ続けているものにはそれなりの理由があるのです。

季節によって必要な家の性能が異なる

ひと口に快適に過ごすといっても、断熱・気密・日射遮蔽など、さまざまな要素が絡み合っています。

たとえば、夏の夜の寝苦しさは、温度・湿度の影響が大きくかかわっています。昼間の日射熱は冷暖房負荷の約5割、夜は水蒸気による熱量が約6割になるためです。だから、日中は窓からの日射を遮蔽すること、夜は外部から水蒸気を多く含んだ空気が入ってこないように気密を上げておくことが大切になります。

一方、冬は夏以上に断熱性能が重要になります。冬の理想的な室

●夏の夜間の熱負荷の割合

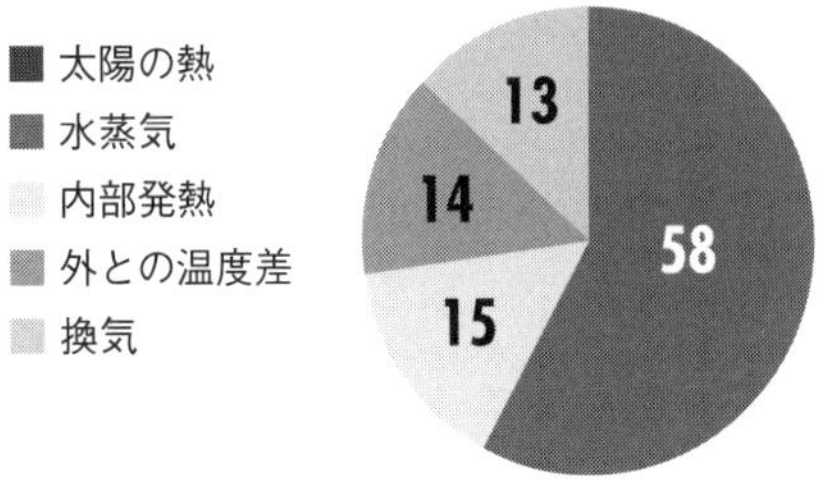
太陽の熱
水蒸気
内部発熱
外との温度差
換気
58
15
14
13

温は20℃〜24℃前後ですが、外気温は5℃以下になることが多く、15℃以上も温度差があります。室内の熱をなるべく逃がさないように、断熱性能を高くする必要があります。

このように季節ごとに見ていくと断熱・気密・日射遮蔽は全て家に求められる性能だと分かります。それぞれの役割を理解してバランスよく取り入れましょう。

湿度・温度のコントロールでカビ・ダニを防ぐ

夏場、温度が26℃でも、湿度が高ければ、不快に感じます。加えて、多湿な環境下では、カビやダニが繁殖しやすくなります。

カビは湿度65％以上・室温20℃以上、ダニは湿度50％以上・室温20℃以上の環境を好むため、梅雨時から夏場にかけては、カビ・ダニの被害が増加します。近年、住宅の高断熱・高気密化によって、家のなかは一年中暖かく、湿気がこもりやすい環境となっています。つまり、カビ・ダニが年中繁殖しやすくなっているのです。

こうした問題を解決するには、湿度にも目標数値を設定する必要

●相対湿度の理想は40〜60%

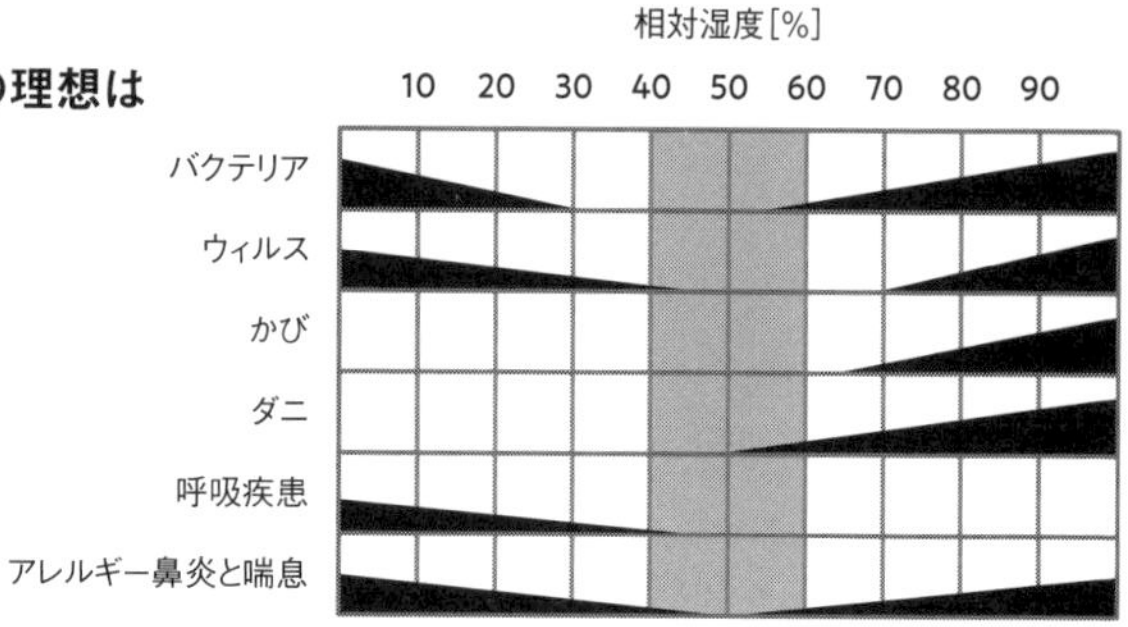
相対湿度[%]
10 20 30 40 50 60 70 80 90
バクテリア
ウィルス
かび
ダニ
呼吸疾患
アレルギー鼻炎と喘息

があります。夏の理想的な湿度は60%以下。エアコンには除湿効果もあるので、積極的に使用しましょう。

カビ・ダニがいったん繁殖してしまうと、完全に退治するのは至難の業……。カビ・ダニの糞や死骸を吸い込むことで、人はアレルギー症状を引き起こします。ほこりっぽい家に入った途端、目がかゆくなり、くしゃみが止まらないという症状もアレルギーが原因です。「アトピー性皮膚炎」や「ぜんそく」「鼻炎」などは、ダニ・カビが原因の1つと考えられています。薬や食事などの改善方法もありますが、家のなかを清潔に保つことも改善策となります。まずはカビ・ダニを発生させないように、湿度の調整を行いましょう。湿度の調整をしやすくするために、気密を上げることもお忘れなく。

ZEH住宅を建てて、補助金を活用しよう

ZEHとはゼロ・エネルギー・ハウスの略称で、ゼッチと読みます。年間エネルギーの使用量が差し引き0の家を指します（46頁）。

現在、国は〝2030年までに新築住宅の平均でZEHの実現を

目指す〟としており、その普及を後押しすべく、助成金制度を設けています。２０２０年度に関しては、①：ＺＥＨの定義を満たしていること、②：政府に登録されたＺＥＨビルダー／プランナーが関与（設計、建築、改修または販売）した住宅であること、などの条件を満たせば、新築・改修問わず、定額60万円／戸の補助金を受けられます。追加で、蓄電システム（定置型）を導入した場合には２万円／kWh、補助対象経費の1/3または20万円のいずれかの低いほうの金額が加算されます。

ＺＥＨ住宅にすれば、快適で健康的な暮らしが実現できます。エネルギー使用量も削減され補助金も出て、経済的にも助かります。

補助金を申請するタイミング

国の予算は、年度予算なので、4月に始まり3月で終わります。その前年の8月末に各省庁から予算案が出され、年末から年度末に予算決定が行われます（予算成立後に成立した予算：補正予算が執行されるケースもあります）。一般的に補助金をもらうためには、国の予算に合わせて、春から夏にかけて契約・着工し、年末までに竣工を迎えると効率よく活用できます。新築戸建て住宅の場合は数十万円から数百万円まであり、ときには地方自治体の補助金などもあり、併せて使えば大きなコスト削減につながります。補助金の申請については スケジュールや予算額を事前に調べておきましょう。ただし、申請期間に振り回され、本題の家づくりを失敗しないように。

電気以外の熱源を検討して、賢く暮らす

毎月かかる光熱費を減らしたいと思う人は多いでしょう。建物の断熱性能が低ければ、暖房費が高くなる傾向があります。暖房費をできるだけ抑えるために、まずは熱源から考えてみましょう。

主な熱源としては、電気・ガス・灯油・薪などがあります。ここではおおよその価格をみていきましょう。電気料金の体系も複数ありますが、30円／kWh程度です。ガスは同130円／㎥、灯油は同80円／L。ペレット（薪）は同65円／kgになります。単純にランニングコストだけでなく、空間を温めるスピードや、燃料の安定性、機器の価格、

●各エネルギーの単価比較表

※あくまで目安です。

種類	単位	熱量	効率	費用
電気	1kW	860kcal	2.5	28円/kW
深夜電気	1kW	860kcal	2.5	17円/kW
灯油	1L	8,771kcal	0.9	80円/L
都市ガス	1m³	9,818kcal	0.9	130円/m³
LPガス	1m³	24,000kcal	0.9	500円/m³
木質ペレット	1kg	4,400kcal	0.85	65円/kg
薪	1kg	4,500kcal	0.7	85.7円/kg

耐久性、そして災害に強いかどうかなども総合して冷暖房設備を検討してみましょう。

地域によっては都市ガスやプロパンガスや灯油が安いので、住む場所でのコストを調べておくとよいでしょう。これを怠ると、後々、ランニングコストとして家計に響いてきます。

暖房機器のなかには、部屋を暖めるだけではなく、ペレットストーブや暖炉など、火を楽しめるものもあります。高断熱・高気密住宅では、暖房能力として捉えると暖炉などは過剰という意見もありますが、趣味や大切にしたい暮らし方を優先するのもよいでしょう。ちなみに、薪や炭は、地球環境にやさしい循環エネルギーです。

家づくりをするなかで、建築費やランニングコストを気にすることも必要ですが、自分たちがしたい暮らし方を考える時間も、ぜひしっかり取ってみてください。

高性能
住宅？
ローコスト
住宅？

第5章

コスト

「60年後も価値のある家をつくろう」

坪単価はあてにならない？

住宅会社ごとに「平均坪単価」という数字が打ち出されていますが、実は坪単価は家づくりの落とし穴。消費者は家を建てるときにその数字を予算の目安にしますが、坪単価の算出方法は共通のルールが定まっていないため、あてにできません。よくある2つの落とし穴を紹介します。

●費用に何が含まれているか　坪単価に諸経費が含まれている場合とそうでない場合があります。

・住宅会社Aの場合　坪単価＝建物本体価格÷延べ床面積

・住宅会社Bの場合　坪単価＝（建物本体価格＋設計費＋仮設費用など諸経費すべて）÷延べ床面積

まったく同じ家を同じ建物本体価格だったとしても、住宅会社Bの坪単価のほうが高く見えますよね。坪単価に何が含まれているかは会社ごとに違うので要チェックです。

●大きな家ほど安くなる　坪単価は大きな家ほど下がります。100坪の家も20坪の家も、キッチンやバスルーム、トイレは共通。数もほとんど変わらないので、延床面積に対する設備費を割り算すると大きな家ほど坪単価が安くなります。

これらの理由から、坪単価はあくまで目安程度に捉えることが大切。坪単価をあてに価格の安い住宅会社を探したとしても、最終的な金額は決して安くないというケースはよくあることです。坪単価だけで判断せず、気に入った住宅会社があれば、まずは問い合わせてみましょう。

坪単価に含まれていないもの

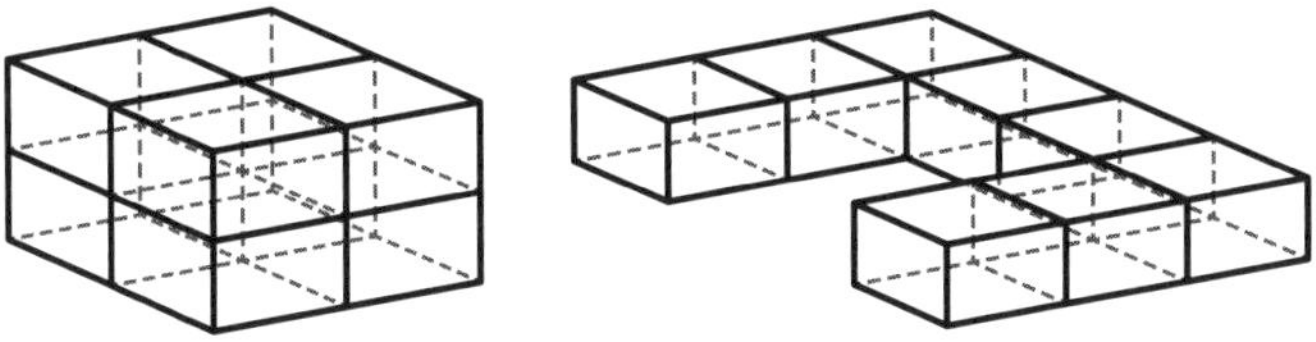

坪単価は、左図のように単純な形で算出されている。そのため、同じ仕様でも右図のようなコの字形の平屋を建てた場合、基礎や屋根、壁の面積が大きく変わり、建築費は大幅に変わる

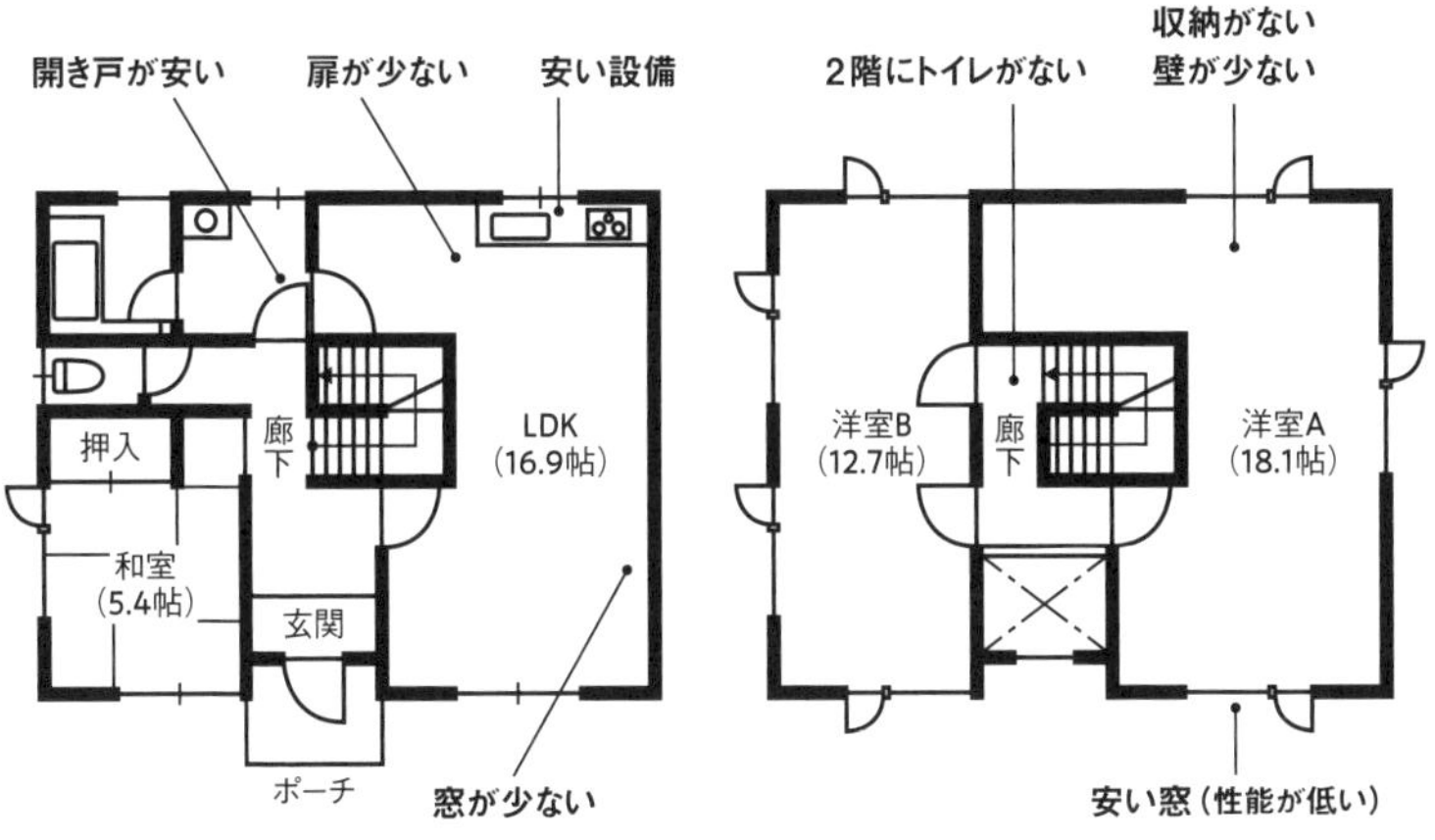

同じ延べ床面積でも、坪単価を出す積算用の間取りは安い設備や窓の数などが最低限になっている

ローコスト住宅は本当に安い？

光熱費をいくら払っていますか？ 4人家族で冷暖房を使わない季節の電気代は、一般的に1万円/月、ガス代は5千円/月くらいではないでしょうか。しかし冷暖房を使う季節の分を加算すると、月々平均2万円前後になるでしょう。

断熱性能を上げて、太陽光発電を設置することで電気代の2万円がほぼ0円になるのであれば、断熱施工と太陽光発電の費用をローンに組み込むほうをお勧めします。理由をお話しします。金利が1.5%の場合、1千8百万円のローコスト住宅の月々の返済額は5万6千円です。一方、2千5百万円の高断熱&太陽光発電を搭載した家の場合、月々の支払額は、7万6千円です。

つまり、2万円を月々の光熱費とするのか、住宅の建築費に使ってローン返済を2万円分増やすのかという考え方です。このように住宅ローンだけでなく、光熱費などの暮らしにかかるコストを合計して比べてみると、ローコスト住宅が本当に安いのか、考えることができると思います。

仮に建築費が7百万円かかったとしても将来的に、光熱費が上がったときに、光熱費が2万円の家は1.5倍になれば3万円になってしまいます。一方で光熱費が0円の家の光熱費が1.5倍になっても0円のままです。

また、将来、年金がもらえなくなるのではと不安に思っている人は多いでしょう。ほとんど年金がもらえなくなったときに、光熱費で苦労しなくても済む、そんな家を私は推奨します。

高性能住宅がお得になる理由

仕様	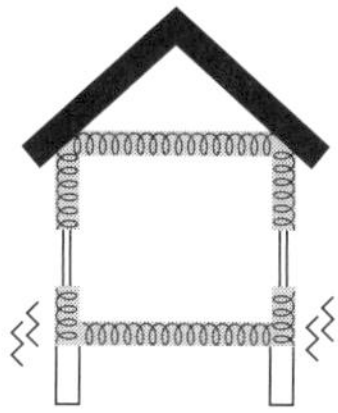 省エネ基準レベルの住宅性能	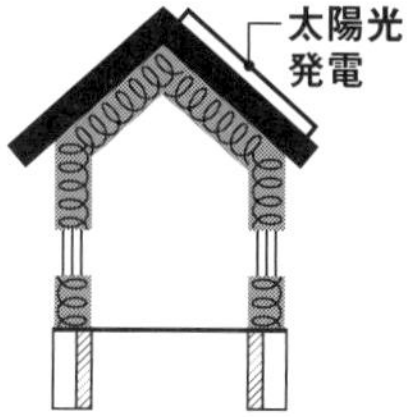 Q値1.0レベルの住宅性能＋太陽光発電
建築費	1,800万円	2,500万円
光熱費	20,000円	0円
住宅ローン	56,000円	76,000円
毎月の支払い	76,000円	76,000円
メリット・デメリット	●冬寒く、夏暑い ●耐久年数20～30年 ●遮音、防塵、防湿性能が低い ●安全性が低い（ヒートショックのおそれ） ●財産としての価値が低い	●冬暖かく、夏涼しい ●耐久年数60年～ ●遮音、防塵、防湿性能が高い ●健康（喘息、アトピー、花粉症の激減） ●安全性が高い（ヒートショック予防） ●財産としての価値が高い

●ローコスト住宅と高性能住宅の比較表

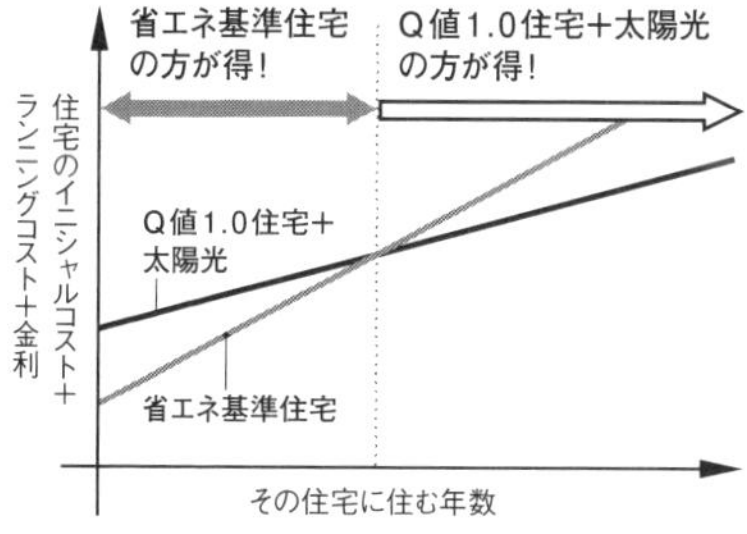

長く住むことを考えれば、光熱費のかからない超高性能住宅のほうがトータルコストは安くなります。自分が、その家に何年すむのかを考えて選択するとよいでしょう。

家のコストを下げる方法

家のコストを下げる方法のなかでも、私が推奨しているのは「小さな家を建てること」です。

小さな家でもキッチンや浴室・玄関ドアなど必ずかかる費用があるので、坪単価は上がるということは１４２頁でお話ししました。しかし、床の広さや外壁の面積、室内のドアや窓の数などが減るので総額の建築費は安くなります。材料や設備のグレードを下げてコストを下げる方法もありますが、家の面積をひとまわり小さくして、素材や断熱、太陽光に費用をまわすことをお勧めします。

次に光熱費。特に冷暖房費は家の大きさに比例するため、小さな家のほうが安く済みます。コストを気にして、耐震や耐火、断熱性能を下げるのはＮＧですし、キッチンなどの楽しみな部分を下げるのはもったいないと思います。

さらに小さな家はお手入れする部分も少ないため、メンテナス費も抑えられます。外壁塗装やクロスのリフォームは面積に応じた料金設定になっているので、小さな家ほど低コストになります。なかには自分で塗り替えるＤＩＹも可能ではないでしょうか。また、小さな家は細部まで目が届くので、日々の掃除もしやすいものです。

最後に不動産を所有する人が必ず払わなくてはならない固定資産税があります。この固定資産税も床面積に比例してかかってきますので、小さな家のほうが税金も安くなります。

子どもたちが巣立った後の夫婦ふたりで暮らすことをイメージしてプランしてみてください。

家にかかる費用を比較する

※あくまで目安です。

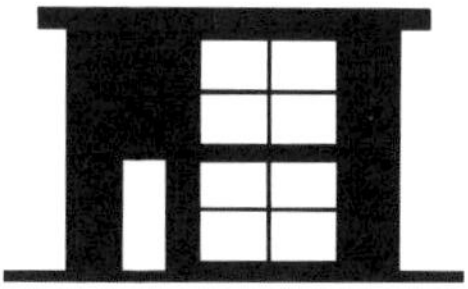

大きな家にかかる費用
（45.0坪）

基礎	130万円
大工	8万円×45.0坪
材木建材	**600**万円
屋根	70万円
外装材	**260**万円
外部建具	**130**万円
設備	**250**万円
クロス	**80**万円
ベランダ	80万円
設備	**240**万円
仮設他	**280**万円

▼

2,480万円（55万円／坪）

小さな平家にかかる費用
（22.5坪）

基礎	130万円
大工	8万円×22.5坪
材木建材	**350**万円
屋根	70万円
外装材	**160**万円
外部建具	**100**万円
設備	**240**万円
クロス	**50**万円
ウッドデッキ	80万円
設備	**200**万円
仮設他	**220**万円

▼

1,780万円（80万円／坪）

2,000万円オーバーしてしまった。断熱性能を上げるのは難しいかも…。

断熱性能を上げたり、プラス200万円で太陽光発電を載せたりしてもいいかも！

小さな家のつくり方

　前項で触れた小さな家のつくり方を紹介します。私が考える小さな家は、ただ単に面積を狭くした家ではなりません。ここでは、小さな家をつくる秘訣をお伝えします。

●仕切りを減らす　部屋と部屋の仕切りがなくせるかどうかを検討してみましょう。たとえば、子ども部屋は家具で仕切る、和室をつくらずリビングに畳コーナーを設置する、廊下をなくすなどです。仕切りをなくすことで、空間を大きく見せることができます（左図）。

●庭を配置する　家のなかでも多くの面積を占めるリビングの延長に、庭を配置します。室内と屋外を一体化させることによって、視線が開け、のびのびとした暮らしが実現できます。ただし、カーテンを閉めていては意味がありません。開けて暮らせるように、周辺環境も考慮した間取りにしましょう。

●無駄な空間をなくす　効率的に小さな家にするためには、空間の無駄をなくすことが近道です。家のなかのデッドスペースをなくすため、小屋裏空間や床下までフル活用しましょう。たとえば、小屋裏は断熱をしっかり行えば趣味の部屋や、収納場所としても重宝します。家の中に置かなくてもよいものは、外物置を活用しましょう。

　無駄をなくし、小さな家を建てることで経済的に余裕ができれば、子どもの教育費の予算をアップしたり、家族のレジャーを充実させたりすることができるようになります。

小さな家で広く住める間取り

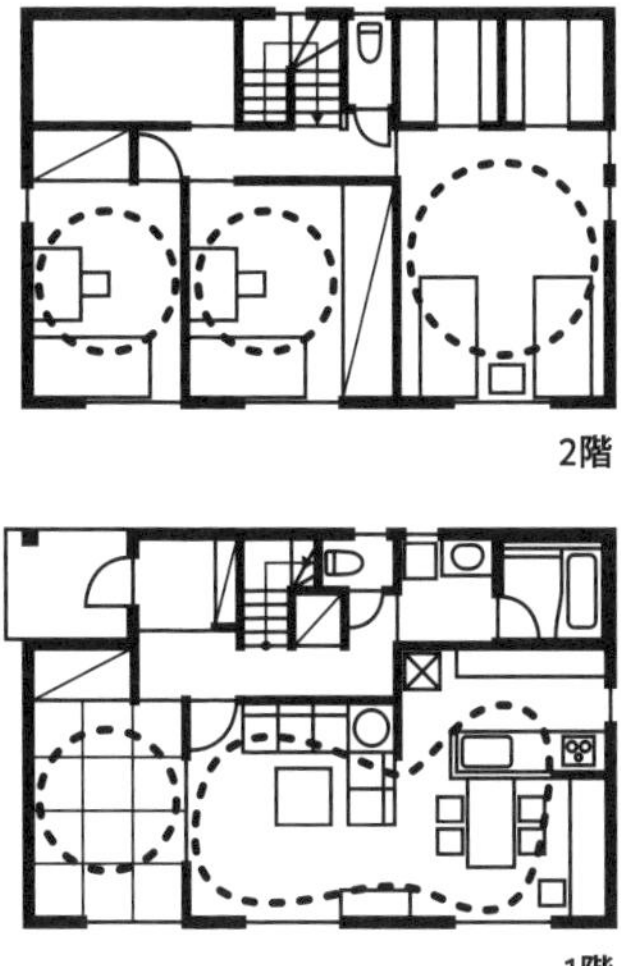

部屋ごとの区切られた家の間取り

部屋ごとに区切るため、廊下が必要になる。また、1つひとつの部屋も狭くなるので圧迫感を感じる

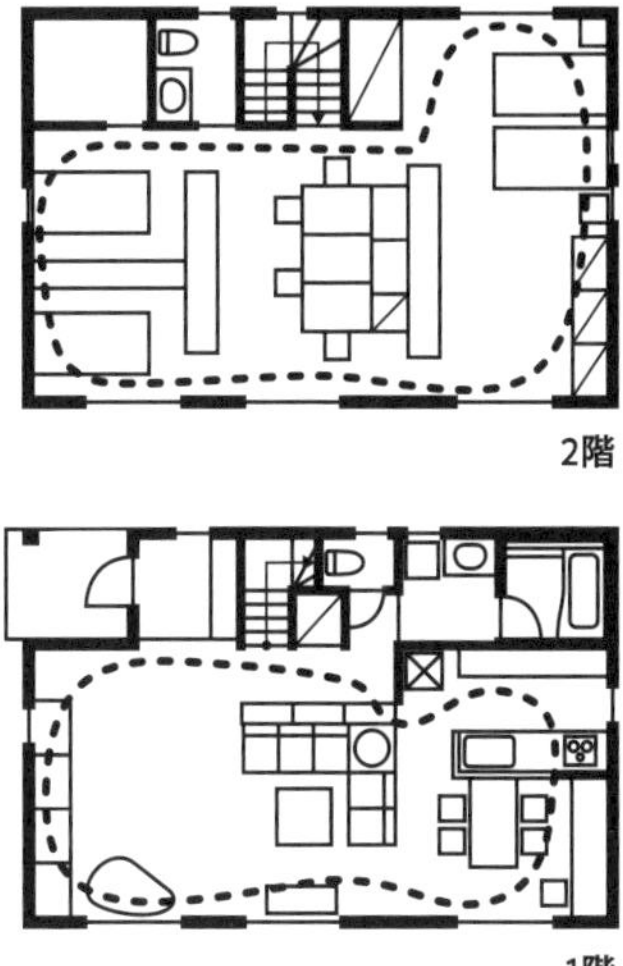

仕切りが少ない家の間取り

廊下をつくる必要がない。また、1つひとつの部屋という概念がなくなり、ワンフロアを1つの大きな部屋のように扱える

扉は引き戸にすることをお勧めしています。断熱性能が高い家はドアを開け放して暮らすことが多いため、引き戸にすることで通路の邪魔にならず、温度差もできにくくなります。また、「開く」「広がる」「見通せる」ことで空間をつなげ広く見せることができます。引き戸は車椅子のときでも使用しやすく、高齢者にも優しい住宅になります。

時短の家づくり

共働きが当たり前になりました。子育て世帯の家づくりでは、炊事・洗濯にはできるだけ時間をかけないことが主流です。家事にかかっていた時間が減ることで、自由な時間や家族団らんが増えることはお金には代えられないよさがあります。

そんな家事負担を軽減するために、洗濯物は外に干さないことを提案します。2階のベランダまで洗濯物をもって上がるのは重労働。洗濯機のそばに「ランドリールーム」をつくることで、この重労働から解放されます。小さな作業台があれば、たたむ・アイロンをかける作業が一部屋で完結します。屋外の空気や花粉・黄砂・排気ガスなどが気になる方にもランドリールームはお勧めのプランです。

洗濯の手間を少なくするには、ガス衣類乾燥機の「乾太くん」もお勧めです。1回当たりのガス代も約50円とコストパフォーマンスもよく、ドラム式洗濯機の乾燥機能を使ったときよりも短時間で、かつ柔軟剤なしでもふんわりと乾きます。

一方で「洗濯物は太陽に当てて乾かしたい」という人には、ベランダ設置にかかる費用の目安をお伝えしておきます。だいたい坪単価の半分です。坪単価80万円の家では、2坪のベランダで80万円くらいかかります。この費用にプラスしてメンテナンスのお金がかかります。単純に費用の比較だけで良し悪しが判断できるものではありませんが、家事の効率化も家づくりの際に一緒に考えてみましょう。

憂鬱な家事の時間を減らす

●嫌いな家事アンケート

1位	掃除
2位	洗濯
3位	食器洗い
4位	アイロン
5位	料理

出典：暮らしニスタ　主婦のホンネ! みんなの「好きな家事」「嫌いな家事」TOP５

掃除は、ロボット掃除機で行う。洗濯の干す時間は、乾燥機で短縮。食洗器をつけて食器洗いの手間をなくす。アイロンは、ノンアイロンのシャツを買う……。工夫すれば、家事の時間は減らせそうね。家づくりのときに一緒に考えなくちゃ。

豆知識

コスト面でも設備投資が賢い

ガス衣類乾燥機が15万円、バルコニーの建築費が80万円とすると、差額は65万円です。これは乾燥機を約13,000回使ったときのランニングコストと同じ費用です。毎日1回使ったとしても約55年分にもなります（冬場の4カ月間は乾燥するので、室内干しで乾燥機を使わないと仮定しています）。さらに、乾燥機を使うと柔軟剤のコストダウンも可能です。もちろん乾燥機も壊れますが、ベランダのメンテナンスコストと比べてお得かどうか検討しましょう。

立地優先で家を建てたときの後悔

すでに土地をもっている人は別として、土地探しから家づくりをする人に知っていただきたい内容です。結論を話すと、家づくりにおいて土地から決めてはいけません。家づくりの総予算を明確にしておくこと。そして建物にかけられる予算を最初に把握するようにしてください。特に都市部の土地の価格は目が飛び出るほど高額です。立地や広さに目を取られ予算を割りすぎてしまい、建てたい建物が予算の関係で建てられなくなるのでは本末転倒です。家づくりの順序は次の流れを参考にしてください。

【1】資金計画　何はともあれ家づくりは資金計画から始めます。ローンの借り入れ可能額、子育てにかかる費用などライフプランを考えます。

【2】住宅会社の検討　暮らしのイメージを明確にし、住宅会社を見つけます。自分が建てたい家のざっくりとした予算も理解しておきます。ただし、〝コミコミ●円〟といった家を目安にしないように。

【3】土地探し　予算に合った土地を探しましょう。土地が見つかったときは、まずは住宅会社に相談してください。住宅会社が不動産にも詳しく、アドバイスをしてくれるケースや、実際に土地の斡旋をしてくれる会社もあります。土地を焦って購入し、予算をオーバーしないように、地盤改良が必要だったときの予算配分など、事前に勉強をしましょう。

大切にしてほしいのは「どんな暮らしを実現できる家に住むのか」です。

資金計画はバランスが大事

不動産会社にお勧めされた駅近、南側の角地の土地を最初に購入したけど、家にかけるお金を全然考えてなかった！ 予算オーバー…どうしよう。
その他
建築費
土地代

土地代
その他
建築費
住宅会社と話しながら、全体の予算を決めました。そのなかで自分たちの理想とする家の建築費と、土地代にかける費用が算出できました。

豆知識

予算と土地のバランスを考えよう

土地は立地と広さなどの条件がよければよいほど価格が上がります。当然、人気も倍率も上がります。だからといって急いで土地を購入すると、建物にかけるお金が少なくなって、自分たちが理想とする家を建てられなくなってしまいます。立地と予算ばかり気にしていると、小さな3階建ての家や細長い家（地震に弱い家になる）しか建てられない立地や、地盤改良に予想外の費用が掛かってしまう土地を購入してしまうことも…。家づくりは落ち着いて、不動産会社と住宅会社に相談しながら、立地・耐震・耐久・断熱・気密などのバランスを考えて行いましょう。

チェック項目

［コスト］

- ☑ ライフプラン、資金計画はできていますか
- ☑ 土地を決める前に建物予算を出しましょう
- ☑ 家の大きさ＝生涯コストと考えて家のプランニングをしましょう
- ☑ 無駄に大きな家になっていませんか
- ☑ 家事と収納を考えた間取りになっていますか

光熱費はどこまで上がり続けるの？

家計において光熱費は大きな問題です。電気やガスの燃料になるエネルギー資源（火力発電の原料は主に石炭）について、日本は海外に依存している状態です。原発の再稼働もままならないことや、世界的に人口が増加している現状を考えると、エネルギー資源を取り巻く環境が大きく変わらない限り、将来的に光熱費が今よりも上昇する可能性は高いと考えられます（158頁上）。

加えて、道路と同じように、電線や発電所も老朽化は避けられず、メンテナンスにも費用がかかります。これらのメンテナンス費用は、年金と同じように、電力使用者が負担しなくてはなりません。また、日本の人口が減少していることも併せて考えると、1kWh当たりの負担額は増えるであろうことが予想されます。これらに加えて、住宅の高断熱化や、省エネ機器や太陽光発電の普及などで、電力の使用量は減っていますので、電力単価は上昇すると考えられます。

具体的な数値として、1kWh当たりの単価は年率3％程度のペースで増えるといわれています。3％ずつ光熱費が上がると、毎月2万円の光熱費を支払っている人は、なんと35年後には毎月の支払いが5万円を超える計算になります。光熱費をできるだけ支払わなくて済むように、高断熱・高気密の家づくりをしておくことが大切です。イニシャルコストはかさむかもしれませんが、長い目で見れば、家計にやさしくなります。さらに、高断熱・高気密の家は快適性も高いので、体にも負担がかからず、医療費の軽減になるでしょう。

賢い住宅ローンの考え方

家の性能は大事ですが、住宅ローンも大切です。メインバンクだから、近くの銀行だから、といった安易な理由で選ばないように。

住宅ローンに対する考え方はさまざまです。金利も時代によって変わるので選ぶのは難しいのですが、私は、必ず返せる無理のない金額で、長期間の返済プランを立てて支払っていくことを推奨しています。固定金利のフラット35は、将来の金利が大きく変動することもないので、利用しやすいローンの仕組みです（158頁下）。

一方、変動金利のローンを私はお勧めしていません。たとえば、金利が安いときに変動金利でローンを組んだとします。金利が高くなり、借り換えるとしても、手続きに数十万円もかかるのは家計に大きな負担となります。固定金利の3・5・10年といった期間は、優遇された金利です。しかし、終了後は優遇されない金利＝基準金利になるので、支払い額は大幅に上がります。子どもの教育費（固定金利が終わった10年後だと、高校入学や大学受験などの大きな出費が考えられます）との両立ができるように、目先の低金利で選ばないように。

まとめると、住宅ローンは長く、無理なく返せる期間で固定金利の金利が安いものを借りることが鉄則だと思うのです。また、ローンに関しては、銀行員ではなくお金の専門家に相談しましょう。ファイナンシャルプランナー（以下、ＦＰ）は家族のライフプランをよく理解していますので、相談するとよいと思います。ただし、家の光熱費（特に、高断熱・高気密住宅の場合）や、メンテナンス費用まで理解しているＦＰはごく少数。なので、生涯で家にかかるコスト（特にランニングコスト）を住宅会社にあらかじめシミュレーションしてもらい、相談の時にそれを持参するのもよい方法でしょう。住宅ローンは、長い年月をかけて支払う家計にかかわる大切な項目です。時間をかけて選んでください。

●エネルギー関連項目における消費者物価指数の推移

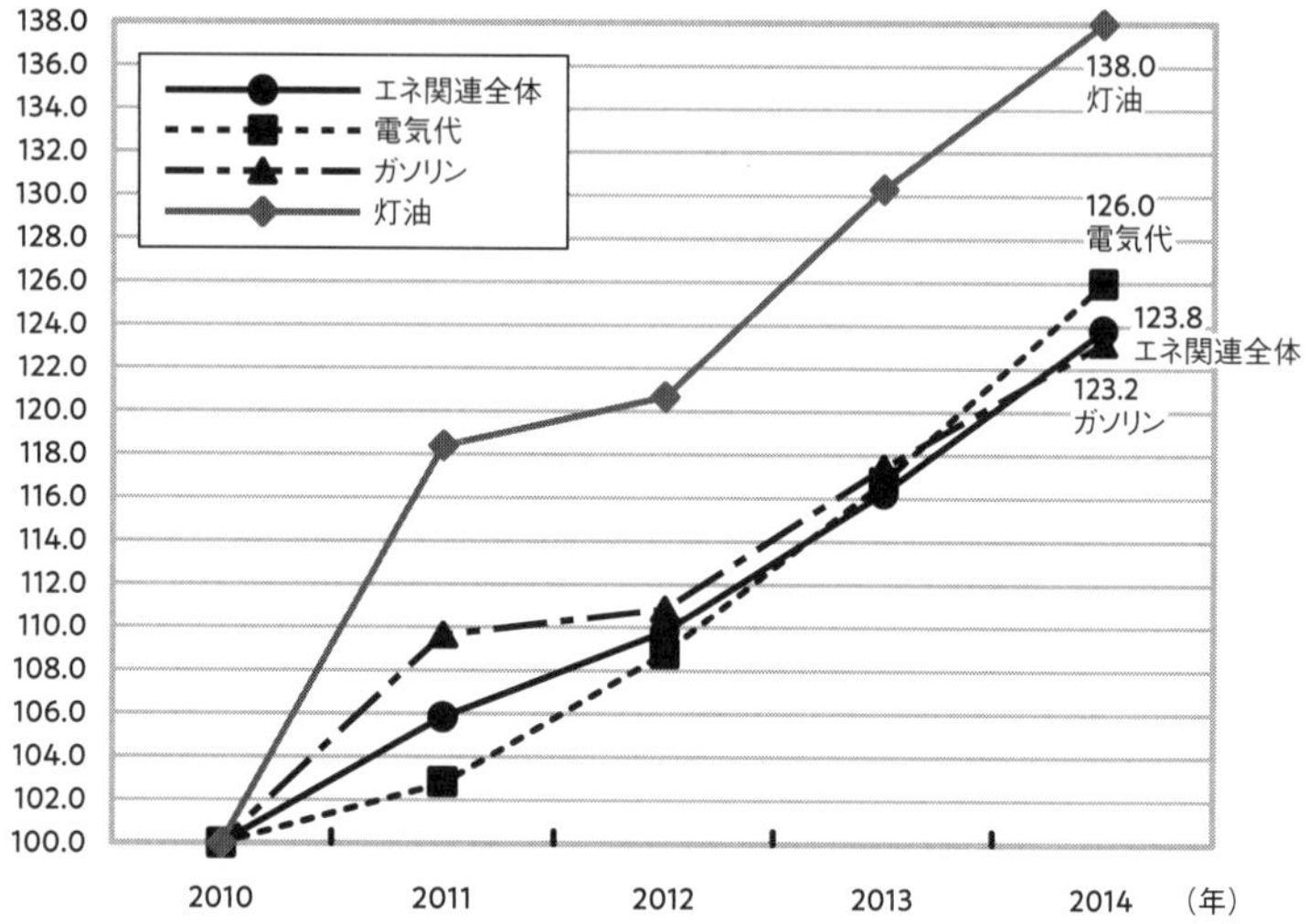
138.0
136.0
134.0
132.0
130.0
128.0
126.0
124.0
122.0
120.0
118.0
116.0
114.0
112.0
110.0
108.0
106.0
104.0
102.0
100.0
エネ関連全体
電気代
ガソリン
灯油
138.0
灯油
126.0
電気代
123.8
エネ関連全体
123.2
ガソリン
2010
2011
2012
2013
2014
(年)

出典:総務省「消費者物価指数年報　平成26年」をもとに制作

●民間金融機関の住宅ローン金融推移

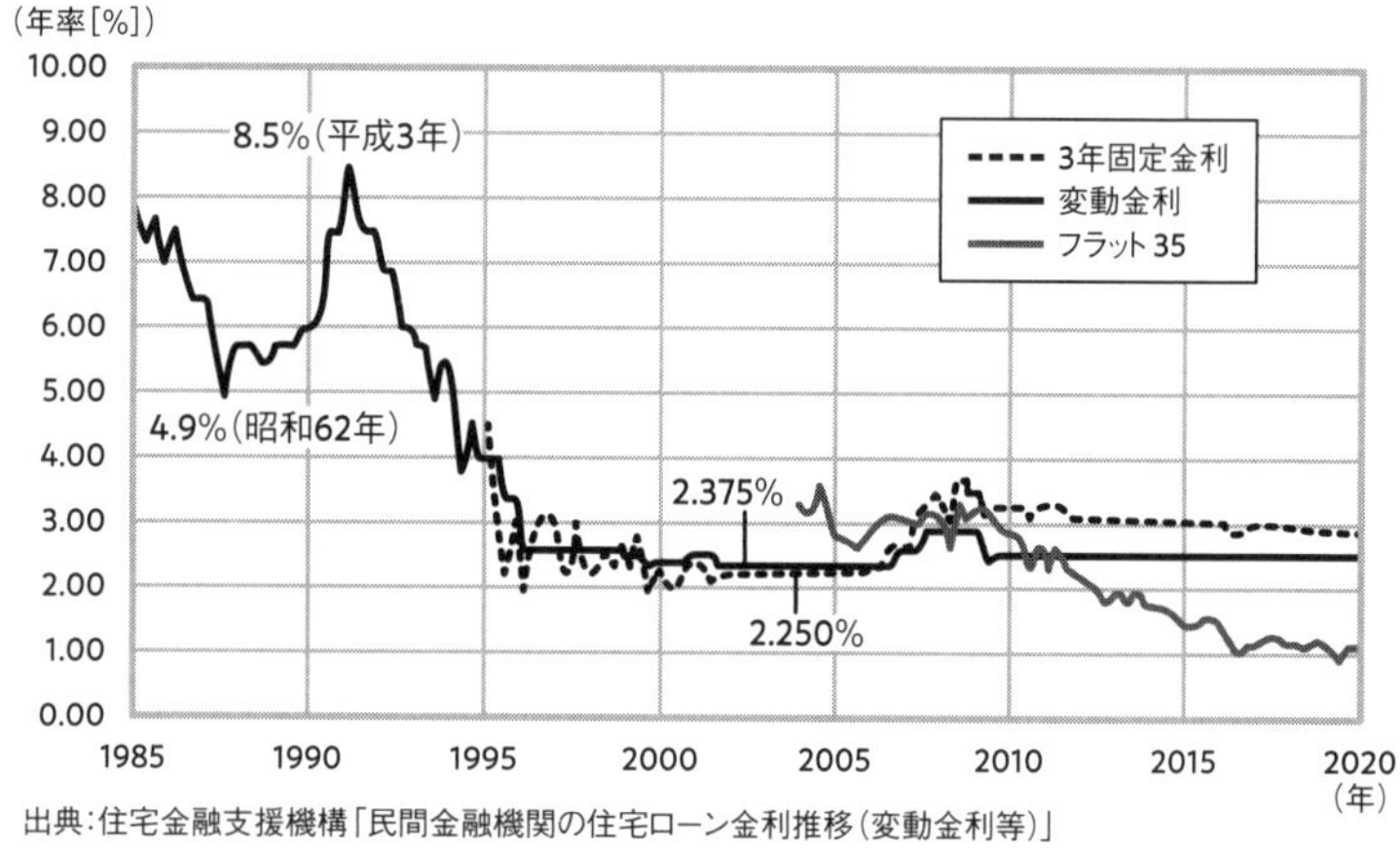
(年率[%])
10.00
9.00
8.00
7.00
6.00
5.00
4.00
3.00
2.00
1.00
0.00
8.5%(平成3年)
4.9%(昭和62年)
2.375%
2.250%
3年固定金利
変動金利
フラット35
1985
1990
1995
2000
2005
2010
2015
2020
(年)

出典:住宅金融支援機構「民間金融機関の住宅ローン金利推移(変動金利等)」

第6章

維持管理・メンテナンス

「人生100年時代の家との付き合い方」

子育て後を想定して家をつくる

注文住宅を建てようとする人は子育て世帯が中心だと思います。ここで皆さんに考えてほしいのは、子どもが巣立ってからのこと。その家でどのような暮らしになるのかを考えましょう。

一般的に、日本では親と子どもと一緒に暮らす時間は20年余り。子どもが複数いる家庭は子育て期間が伸びますが、子どもたちが巣立ってしまった後の40年近くは夫婦ふたりだけの暮らしになります。そう考えると、あまり大きな家はいらないのではないでしょうか。

家づくりをするときは、子どもの喜ぶ顔を考えて間取りをつくってしまいがちです。しかし、子どもが巣立った後のほうが長いことを考えれば、子ども部屋はそれほど大きくつくる必要もなく、プライベートな時間を過ごせるだけの広さがあれば十分だと思います。子ども部屋の勉強机をなくし、リビングにスタディコーナーをつくるのもよいでしょう。リビング学習は「頭のよい子になりやすい家」としても注目されています。子どもと過ごせる時間はわずか20年です。できるだけ同じ空間で、目の届くところで育んであげるというのも家族の豊かな過ごし方ではないでしょうか。

海外では家の住み替えが当たり前です。家族構成が変わるタイミングで家族のサイズに合わせて引っ越しています。しかし日本では同じ家に住み続ける傾向があるため、住み替えは浸透していません。そうであれば、一番長い時間を共に過ごす「夫婦ふたりが快適な小さな家」をつくりませんか？

老後を考えると家は小さくてもよい

●ライフプラン

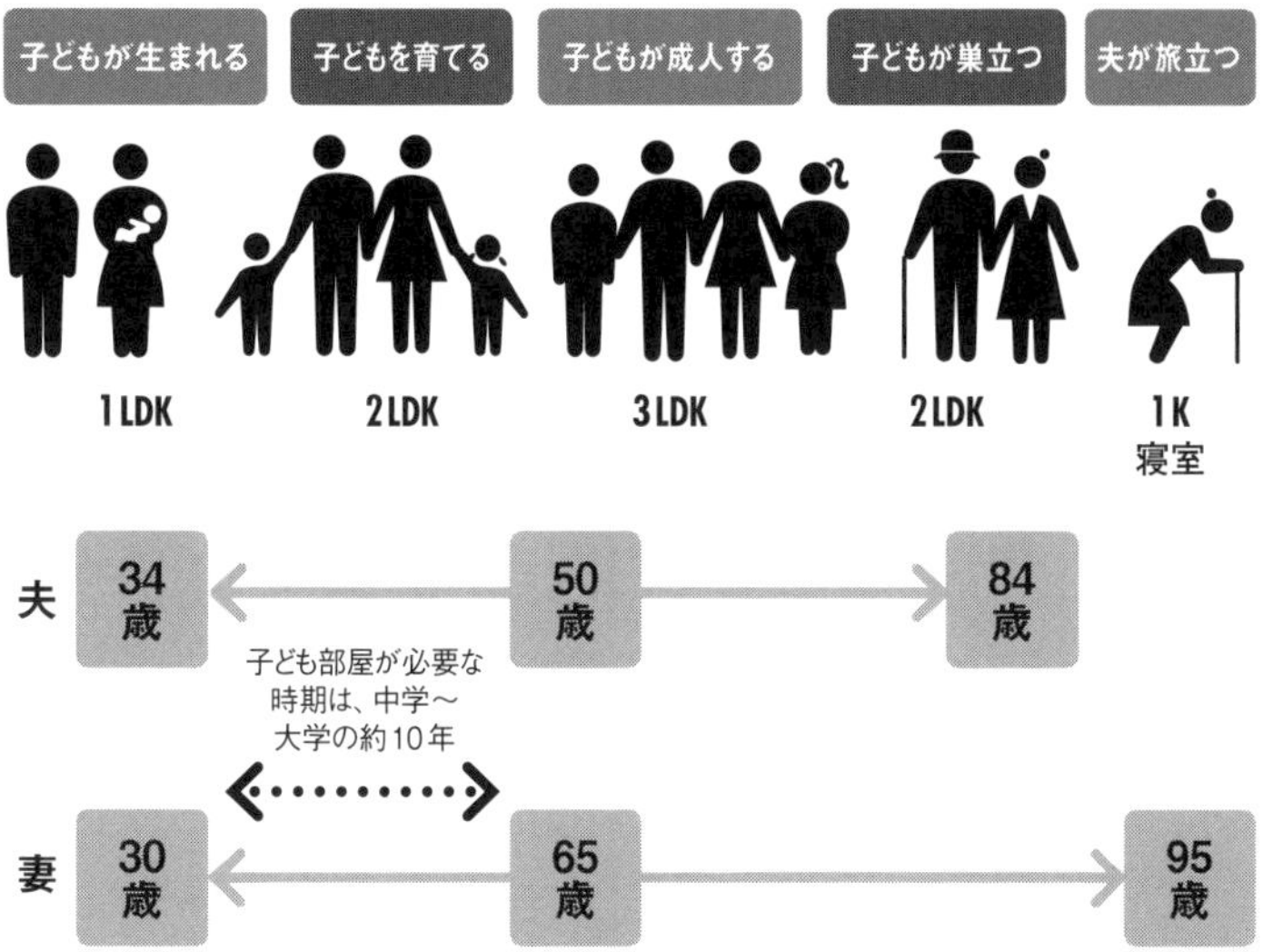
子どもが生まれる
子どもを育てる
子どもが成人する
子どもが巣立つ
夫が旅立つ
1LDK
2LDK
3LDK
2LDK
1K
寝室
夫
34歳
50歳
84歳
子ども部屋が必要な
時期は、中学～
大学の約10年
妻
30歳
65歳
95歳

子ども部屋が使われるのは10年だけだね。
大きな家でも使っている場所はリビングなど、いつも一緒ね。

子ども部屋の大きさを考える

50年後も住みやすい間取りとして、まずは子ども部屋に焦点をあてて考えてみましょう。私が考える子ども部屋の理想的な大きさは4帖。子ども部屋には6帖も8帖も必要ありません。その理由は、小さなころはリビングで勉強し、寝るときは親と一緒なので、中学生〜大学までの10年間だけ個室が必要だからです。受験勉強と寝る以外はリビングで過ごすようにしたいものです。

個室の使い方は、子どもが幼いころには8帖を2人で使い、思春期になったときに壁をつくって仕切る方法も合理的です。いずれ子どもが巣立ったときは書斎として使うのもいいですし、ゲストルームにするのもよいでしょう。

加えて、収納は重要です。デザインされた家でも収納がないと物にあふれ、汚く見えます。収納は細かく配置すると便利です。リビングで使うものはリビングに。トイレで使うものはトイレに。たとえば、12ロール分のトイレットペーパーを袋から出さずにそのまま収納できる奥行きは、20cm以上です。奥行き20cm強の収納を付ければ出し入れの手間が省け、時間短縮につながります。

最後に、使わない部屋をつくらないことも大切です。友人や親が来たときに泊まるための部屋は、物置き場になってしまいます。使わない部屋は、プランの段階で排除しましょう。

「子どもが巣立ったあとは、こんな暮らしをしよう」とイメージしながら間取りを決めることが、長い間住みやすい家につながるのです。

大きな部屋を2つに分ける方法

●断面パース　高低差を生かして、面積が一番大きいベッドを省スペースで納める

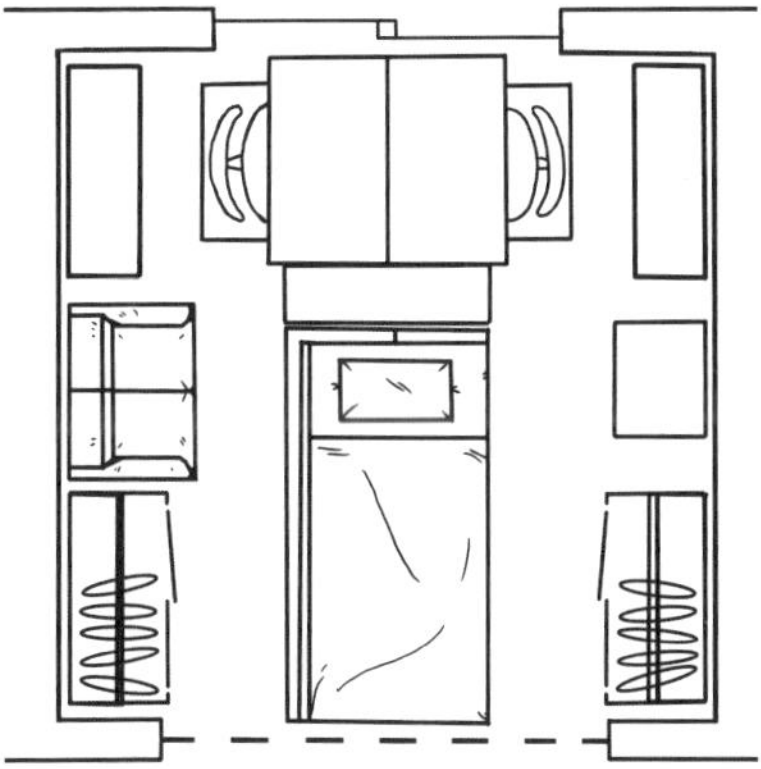

●平面図（8帖）

ベッドや机を間仕切りとして使うことで、子どもが独立した後、簡単に部屋の模様替えができる

60年後のメンテナンスまで計画すべし

家に修理が必要になったり、設備機器が故障したりすることなど想像したくないもの……。しかし壊れるときは壊れますし、汚れたり、傷んだりすることも視野にいれておきましょう。

特に家の外壁は紫外線や雨風に直接さらされる場所なので、定期メンテナンスが必要となります。外壁材には、サイディング、ガルバリウム、塗り壁、自然素材、レンガやタイルの焼き物系など、さまざま種類があります。それぞれの素材に合ったタイミングでメンテナンスをしてください。

レンガやタイルの場合、セールストークで「半永久的にお手入れの必要がない」といわれることもあると思います。しかし、レンガやタイル自体は長持ちしますが、それらをつなぎ合わせる接着剤やコーキング材は劣化することをお忘れなく。コーキング、塗装、雨どいなど、塩ビなどの石油製品でできた素材は紫外線に弱く、比較的早く劣化するので、10~20年に一度を目安にメンテナンスをする必要があります。

内装ではビニールクロスやフローリングの張り替えが発生します。壁に漆喰や珪藻土、床に無垢材などの自然素材を使えば、汚れてもやすりを使って磨くだけで新品同様に生まれ変わります。イニシャルコストを意識して手頃な石油製品でできた素材を選ぶのも悪くないですが、メンテナンスコストを考えると自然素材のほうが安くなることもあります。金額の目安を左頁に記載しておきますので、参考にしてください。

60年分のメンテナンス費用は?

●60年分のメンテナンス一覧表

メンテナンス場所	大きな家(45.0坪)	小さな平屋の家(22.5坪)
外壁	4回×100万円=400万円	4回×50万円=200万円
屋根	3回×40万円=120万円	2回×30万円=60万円
内壁	4回×60万円=240万円	4回×40万円=160万円
設備(トイレ・洗面・蛇口・IH・給湯器・換気・照明・網戸など)	4回×100万円=400万円	4回×80万円=320万円
エアコン	5回×50万円=250万円	5回×30万円=150万円
浴室・床・扉の全面リフォーム	1回=1,000万円	500万円
合計	2,450万円	1,390万円

※費用は目安です

大きな家だともっとメンテナンス費用がかかってしまう?
大きな家だとメンテナンス費は60年間で2,450万円! 想像以上にかかるんだね。

劣化しにくい設備とは？

多機能でデザインがよく、多少高価でも満足いく設備を選んだとしても、壊れたら直さないわけにいきません。修理に大きな費用が必要だったり、買い替えるしか方法がなかったりする場合もあります。ここでは、注意すべき設備を紹介しましょう。

●給湯器　エネファームなどガスで電気をつくるときに出る熱を利用して給湯する設備。費用は150万円ほどです。しかし、10年でかならずメンテナンスが必要な商品です。一方、少し効率が悪いですが、エコジョーズは30万円で15年程度の寿命です。

●トイレ　便器自体は陶器なので壊れませんが、ウォシュレットは15年前後が寿命です。ウォシュレットだけを交換するならホームセンターで数万円から売っていますが、タンクレス便器など一体型は便器も一緒に変えなければならないので、種類によりますが取り替えには数十万円かかります。

●換気　初期費用が高く、複雑なシステムのものは、壊れたときにも高くつきます。実績と耐久年数がある換気を選びましょう。また、壊れたときに部品交換（修理対応をしてもらえるか）が可能であることもポイントです。

●冷暖房機器　ダクト式全館空調システムは、壊れたときにいくらかかるのかを事前に確認しておきましょう。中古の外車のように特別な修理が必要でお金がかかるものを維持していくのは大変です。

設備もシンプルイズベストです。

● 設備は壊れたときのことも考慮する ●

一体型のトイレ

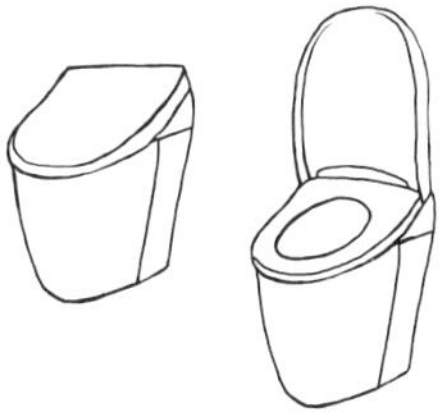

セパレート型のトイレ

◎メンテナンス

一体型の便器は、壊れると、全て取り替えになる。節水型など省エネなものや、デザイン性の高いものもあるが、価格は高くなる

◎メンテナンス

セパレート型は、壊れても、部品だけを交換することができる。シンプルな設備は価格も安い

あるお客様と話したとき、できるだけ基板の少ない設備を求められました。理由は壊れにくいからということです。壊れにくく安いものを長く使うほうが、ちょっとの省エネより地球環境にも財布にも優しいと思います。

壊れない家をつくろう

ここまで、断熱・気密など性能の話をしてきましたが、家づくりの基本は長く住める家をつくることです。

話が変わりますが、林業では、スギの苗を植林してから家づくりに使える木材に成長するまで80年近くかけて大切に育みます。今植林した木材が住宅に使われるのは80年後です。植林を家業としている職人たちは、自分の代で植えた苗を孫の代で伐採できるように育てているのです。

このような背景を踏まえて、一度建てた家を20年、30年で解体してしまうことを想像してみてください。木材の成長サイクルと住宅の消費サイクルが一致せず、環境負荷が大きいことがイメージできます。なので、家はできるだけ壊れないようにつくり、そしてできるだけ長持ちさせてください。壊れない家のポイントは2つです。

●劣化しにくい家　キッチンやトイレなどの設備機器は壊れても取り替えることができます。しかし問題は見えない部分の劣化です。家が腐ったり、シロアリ被害にあったりすれば致命傷になります。木造戸建て住宅と水はどうしても相性が悪いので、雨漏りしない施工をし、結露が起きないように設計と工事を丁寧に行いましょう。

●災害に強い家　地震や台風が起きても家が壊れず、そして家族の命を守れるように災害に強い家づくりも非常に大切です。

地球環境のため、そして家族の健康や資産のために壊れない家づくりを目指しましょう。

将来も安心して住める家

1 構造の安定

地震や風などの
力が加わったときに建物が強い

2 火災時の安定

火災の早期発見のしやすさや、
建物の燃えにくさ

3 劣化の軽減

建物の劣化（木材が腐るなど）のしにくさ

4 維持管理への配慮

排水管、給水管、給油管、ガス管
などの点検、清掃、補修のしやすさ

チェック項目

[維持管理・メンテナンス]

☑ 断熱ばかり気にして家の基本性能を忘れずに進めていますか

☑ メンテナンスコストを考えた設備ですか

☑ メンテナンスコストを考えた内装材ですか

☑ メンテナンスコストを考えた外装材ですか

☑ 夫婦ふたりで住むことも想定された家の間取りですか

防犯対策で安心な家をつくる

どんなに治安がよい立地に家を建てたとしても、空き巣や泥棒などの犯罪が起きないとは言い切れません。だからこそ、家の防犯対策はとても大切です。

空き巣や泥棒の被害の原因で一番多いのが、窓ガラスを割って侵入されることです。2番目は、窓の鍵のかけ忘れによるものです。玄関ドアの鍵のかけ忘れも心配ならば電子キーなどで自動ロックできるものを選びましょう。それよりは、トイレや浴室などの窓の対策が大切です。換気のために開けている人もいるはずですが、出かけるときに閉め忘れるなんてことも。今は、トイレの消臭機能や、消臭スプレーでにおい対策は十分できます。断熱・気密が高い家であれば24時間換気で、窓を開けなくても十分換気できます。トイレと浴室も通風のために窓を開けることはめったにないので、出かけるときは、玄関の鍵だけを気にすればよくなります。

防犯対策としての窓のタイプは、引き違いよりも縦滑りのほうが外部から開けにくくなります。気になる場所は、ガラスも割れにくくい防犯ガラスを選ぶとよいでしょう。高価ですがリビングの大きな窓にはブラインド式シャッターで防犯対策を行う方法もあります。このシャッターは、ブラインド式にすると日射遮蔽効果や採光・通風機能もあり、温熱環境的にも優れています。

「自分の身は自分で守る」ではないですが、最低限の防犯対策はあって無駄なことはありません。

長もちする素材はどんなもの？：自然素材編

住宅の壁や天井の仕上げ材として、最も使用されているのが白いビニールクロスです。安価で見た目にもスッキリしています。ただし、スイッチまわりなどは、生活していると徐々に黄ばみ、汚れが目立ってきて、見た目が悪くなり、放っておけるものではありません。

家は長く住み続けるもの。私は、家の素材にはできる限り自然のものを使用することをお勧めしています。内装材として使用できる自然素材として、壁・天井には漆喰や珪藻土、板材やフローリングには木材（無垢材）があります。それぞれの魅力をお伝えしましょう。

まず、漆喰は、日本に昔から伝わる塗り壁材です。ビニールクロスは張り替えたくなりますが（静電気でほこりが付着するので、10年も経つと張り替えたくなる）、漆喰は汚れたとしても、表面をヤスリでかるく削るか、上からローラで塗れば、目立たなくなります。塗装壁ならではの部分的に塗り直すといったリフォームも可能です。

続いては無垢材（フローリング）。現状では、床材によほどのこだわりがない限り、合板のフローリング（複合フローリング）を採用するのが主流となっています。ただし、時間が経つと表面には傷が付き、表面部分の剥がれや汚れも目立ってきてしまいます。一方、無垢フローリングであれば、傷が付いた場合に、どうしても気になるなら、水を吸わせてアイロンで熱を加えて膨らませる、または、表面を削るなどにより、きれいになります。

自然素材は、時間の経過とともに味わい深い趣へと変わります。こうした時間の経過を素材の表情で楽しむのも、オツなことではないでしょうか？　自然素材は質感や触り心地がよいし、調湿などの機能性にも優れています。家づくりの選択肢に加えてみてください。

長もちする素材はどんなもの？：外装材編

外装材の選択は、家の寿命を大きく左右します。外装材が劣化した場合、大掛かりなリフォームが必要になるので、外装材（屋根・外壁）の特徴を理解しておきましょう。

屋根材として現在多用されているのが、化粧スレートやガルバリウム鋼板（金属）。かつては瓦屋根が一般的でしたが、重たいので地震対策が必要です。現在では、工務店や設計事務所では、あまり採用しなくなりました。

化粧スレートとは、天然スレート葺きを模したセメント成形板のこと。軽量、かつ遮音性に優れ、施工性がよく、安価なことから、広く普及しています。ただし、表面が傷みやすく、10～20年程度で表面塗装、または20～40年程度での葺き替えが求められます。ガルバリウム鋼板はアルミニウム亜鉛合金めっき鋼板のこと。化粧スレートよりは高価な一方、金属材料としては比較的安価で、耐久性も高いのが特徴です。太陽光発電を設置するのにも適しています。

外壁は、窯業系サイディング（セメント質と繊維質を主な原料にして、板状に形成したもの）などによる乾式工法と、左官や塗装といった湿式工法に大別されます。近年では、防水上の安全性や施工性のよさ、コストという観点から乾式工法による仕上げが主流になっていますが、いずれ塗替えが必要になります。タイル調など柄があるものは再塗装のときは柄をつくれず単調なものになるので、家を建てるときに再塗装のことも考慮して選ぶとよいでしょう。

最も多用される外壁材は窯業系サイディングですが、外観をシャープに見せたいならば、屋根と同じガルバリウム鋼板もよいでしょう。加えて、自然素材ならではの風合いと経年変化を求めて、木板張りとする場合もあります。木板張りの場合は、防水性や防火性などに注意を払う必要はありますが、建物のデザイン性を高めてくれます。

世界でも耐久年数が短い日本の住宅

欧米では「家は3代、90年もつ」といわれています。祖父母が家をつくり、両親が家具を買い、子どもの代で家財や美術品を買うサイクルのようです。一方、日本では「家を3回建てるとよい家になる」

といわれるぐらい、とにかく家を建て替えます。なので、日本の家の寿命は、長くて１００年。ですが、平均寿命は30年しかありません。家にかける生涯コストは欧米に比べて高いのが特徴です。日本では「一代で一軒」の家を建てていることがほとんどで、その世代ごとで、家に多額のお金をかけています。そのため、美術品をコレクションすることも、海外旅行に出かけることも、経済的な理由で難しいのが現状です。

日本は他国に比べて雨・台風・地震が多く、夏は高温多湿になり家が腐りやすいため「リフォームするなら建て替えてしまおう！」という考えも根強く残っています。しかし、解体費用も年々上昇しているため、建て替えには予想以上のお金がかかります。また、コストを優先して性能をなおざりにすると、光熱費が高額になるなどランニングコストがとても高くなってしまいます。

〝人生１００年時代〟といわれるように、長寿命化している日本人の背景をふまえても、できるだけ性能のよい快適で長もちな家で、生涯にかかる住宅コストを抑えることが、暮らしを豊かなものしてくれるものだと、私は強く信じています。

DIYでメンテナンスをする

ＤＩＹ（Do It Yourself）とは、住まい手自身が家の気になる部分を修理したり、新しくつくり込んだりすることです。近年では、ＤＩＹ用品や工具を、ホームセンターやネットショップで手軽に調達できるほか、YouTubeなどの動画でノウハウが公開されているので、お金をかけることなく、住まいをアップグレードすることができます。

今後、職人不足がより顕著になれば、家を直してほしくてもなかなか来てもらえないことや、職人への発注単価がとても上がることも考えられます。年金暮らしで費用が高すぎて呼べない、なんてことも。そして、一番困るのは災害時です。自分の家の瓦が落ちたり、壁が壊れたりしても、どこの家も同じように被害にあっているので、職人の取り合いが起こるでしょう。そんなとき、ある程度ＤＩＹのスキルがあれば、自分で応急処置ができます。また、３階建ての大きな家では足場などが必要になり自分で修理は難しいかもしれませんが、小さな家ならなんとかなることもあるでしょう。

住宅会社といってもさまざま

家を建てる会社選びは大変ですよね。工務店からハウスメーカー、設計事務所など、自分に合うのはどこの会社か判断できるように、それぞれの特徴を見ていきましょう。

●ハウスメーカー

鉄骨や木造など構造はさまざまですが、耐震性能の高い会社が多く、屋根に重い瓦を載せても心配ないくらい頑丈につくられています。そのため、間取りに規制がある場合もあります。断熱性能は一般的な基準＋α程度で、ＺＥＨ相当の家が多いと思います。なので、全館空調をするときは光熱費をシミュレーションしてもらいましょう。気密もＣ値2.0程度が多いと思いますので、大胆な吹抜けはあまりお勧めしません。展示場ではなかなか参考にならないので、実際に施主が住んでいる家に夏や冬の時期に訪問して確かめてみましょう。劣化対策や保証などは充実しているので安心です。

●**設計事務所**

設計士の業務経歴によって得意・不得意があります。多くの設計士はデザイン重視です。耐震・劣化・断熱の必要性を住まい手側から説明し、理解があるのか確認しましょう。気に入った設計士がデザインした空間に住むことも、性能とは違った幸せがあります。

●**工務店・大工**

モノづくりが大好き、断熱や耐震に詳しい、自然素材や木材にこだわりがあるなど、その会社の特徴を見極めて依頼してください。性能面でよい家を、良心的な価格で提供してくれる会社が多いと感じます。地域密着型の会社がほとんどなので、つくり手がリフォームやメンテナンスに対応してくれる安心感があります。見極めればよい会社がたくさんあります。

大きく3つに分けましたが、どの住宅会社にも得意・不得意があります。時間はかかりますが、いろいろな会社に行って話を聞き、自分に合った会社と納得のいく家づくりをしてください。

自分に合った
住宅会社を見つけよう

ハウスメーカー
地域ビルダー

規模にもよるが、営業、設計、施工など1つの会社のなかで専門分野が分かれている。家の仕様が決められているので、規定外の注文をすると費用が上がる

得意： 耐震・保証

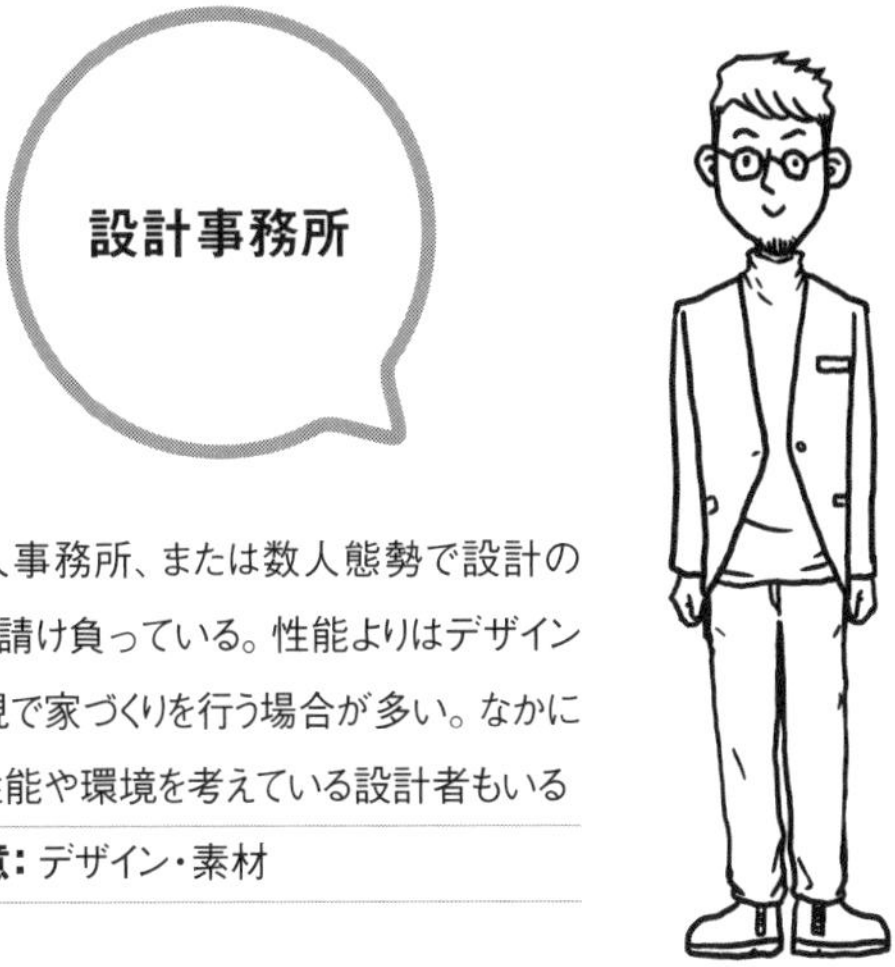

個人事務所、または数人態勢で設計のみを請け負っている。性能よりはデザイン重視で家づくりを行う場合が多い。なかには性能や環境を考えている設計者もいる

得意： デザイン・素材

地域密着型で、自分たちの目の届くエリアで、家づくりを行っている。会社によっては職人を抱えている。規模はさまざまで、性能の高い家からデザイン性の高いものまで幅広く手がける会社もある

得意： 自然素材・自由設計・断熱・気密

シンプル
イズ
ザ ベスト！

第7章 ケーススタディ

「60年後まで見据えて建てる高性能住宅」

高性能なスケルトン・インフィルの家

家の長寿命化を考える際、リフォームのしやすさ（間取り変更のしやすさ）も大きなポイントになります。その考え方として、〝スケルトン・インフィル〟というものがあります。建物のスケルトン（柱・梁・床などの構造躯体）とインフィル（住戸内の内装・設備など）とを分離して考える工法です。

スケルトン・インフィルは、分譲マンションなどの集合住宅に多く見受けられますが、最近の高性能な木造戸建て住宅も同様の考え方で計画されています。躯体（スケルトン）の耐震・気密・断熱を高性能化することで、室内と躯体を切り離して考えることができ、柱や壁にとらわれず自分たちが好きなようにコーディネートすることができます。たとえば、自分で間取りを再構築し、業者に間仕切り壁をつくってもらったり、DIYでリフォームしたり、家具で部屋を仕切ったりすることなどが可能になります。

以上のように、躯体（スケルトン）で耐震性能と断熱性能を確保できれば、部屋をどのように配置しても構いません。ただし、部屋を仕切った場合は、換気や冷房、コンセント、照明などに配慮が必要です。スケルトン・インフィルで計画された家は、間仕切り壁とドアのほとんどない高性能な家であり、しかも安く購入できるという可能性があります（ただし、家具・収納には費用が発生します）。家族の変化とともに間取りも変化する家というのも、実に面白いものです。

安心・安全、快適な箱（スケルトン）をつくる

平面図

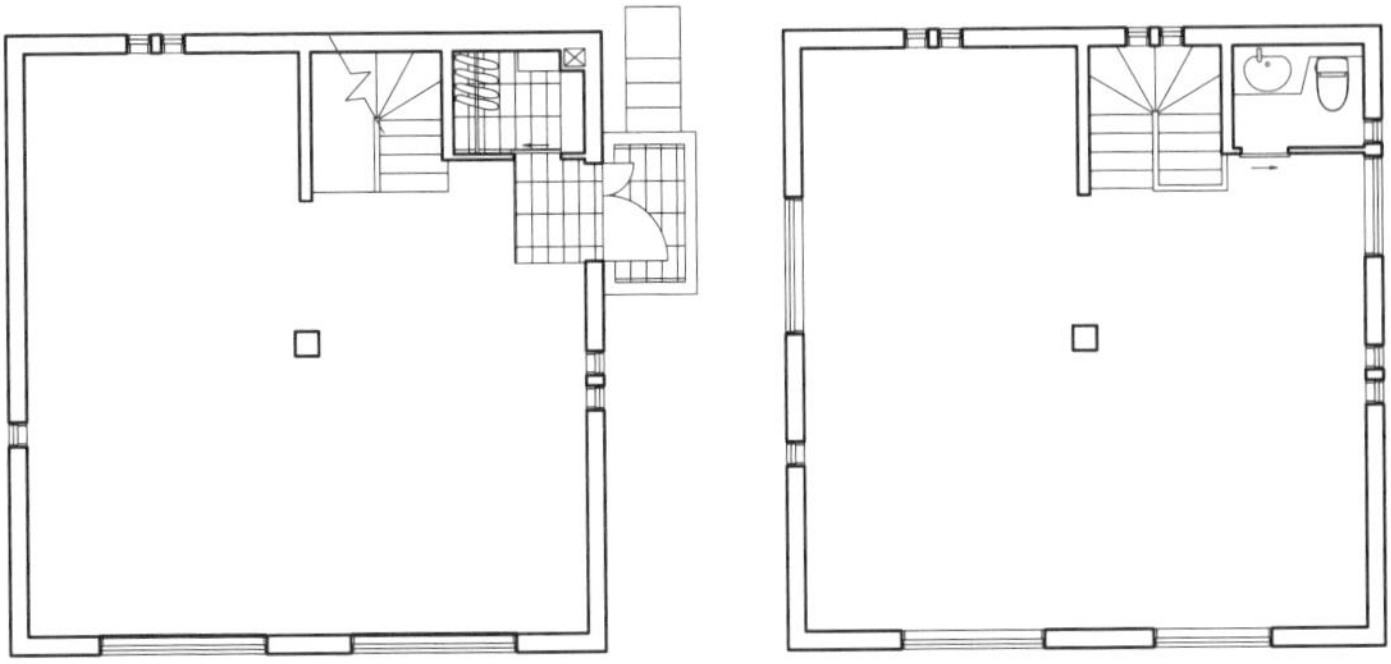

1階　　2階

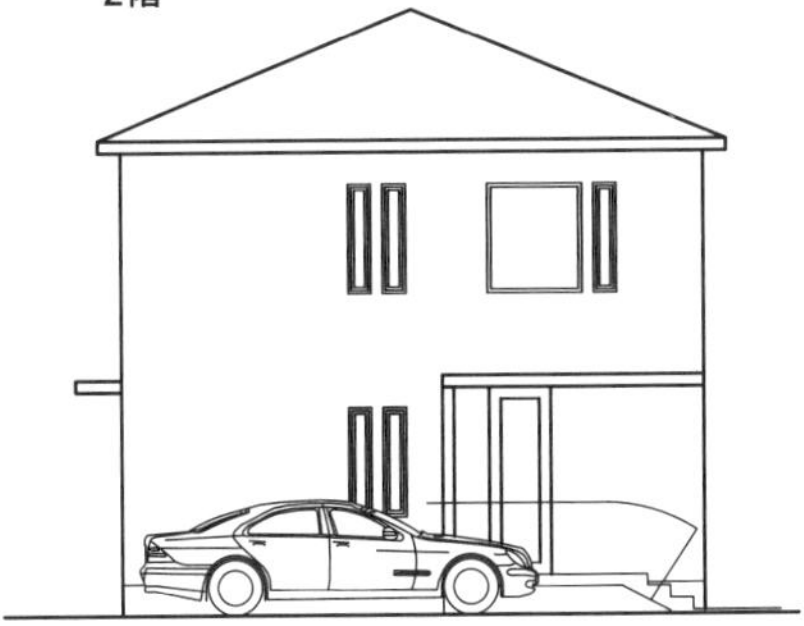

立面図

構造計算がちゃんとされているので、耐震等級3を実現しています。

高性能な箱のなかで、自分たちが暮らしたい間取りやデザインを実現できたらいいな。

● 子どもと一緒に過ごすための間取り ●

20～30歳代：ふたり暮らし～子どもが小さいころの間取り

ふたり暮らしから子育て世代の住まい方の一例。結婚して子どもが生まれるまでの夫婦ふたりで生活するための間取り。自宅で仕事をするなら、LDK＋寝室＋仕事部屋の間取りが理想的

1階

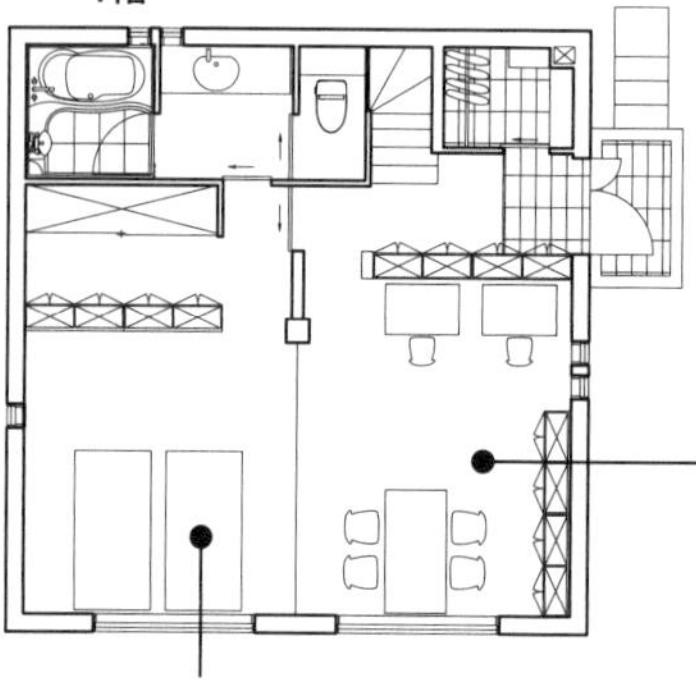

2階

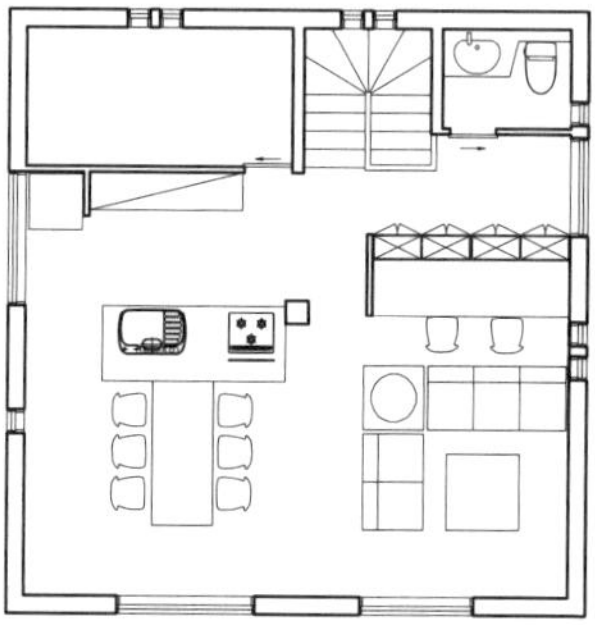

子ども小さいときは、川の字で就寝できる寝室　SOHOや趣味部屋として使う

40～50歳代：子どもが大きくなってきたころの間取り

家族のライフスタイルの変化に合わせて、間取りを変更。子どもが大きくなり、自分の部屋が必要になれば、仕事部屋を家具で仕切り、子ども部屋とすることができる

1階

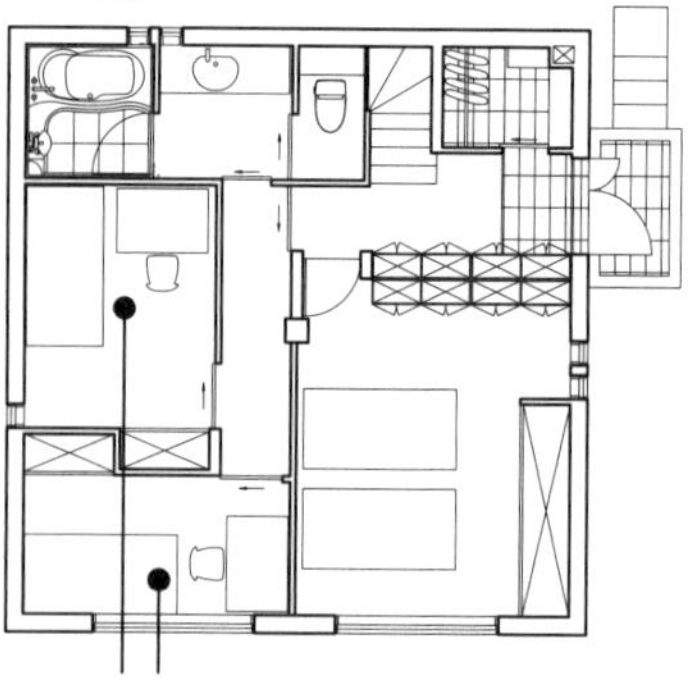

2階

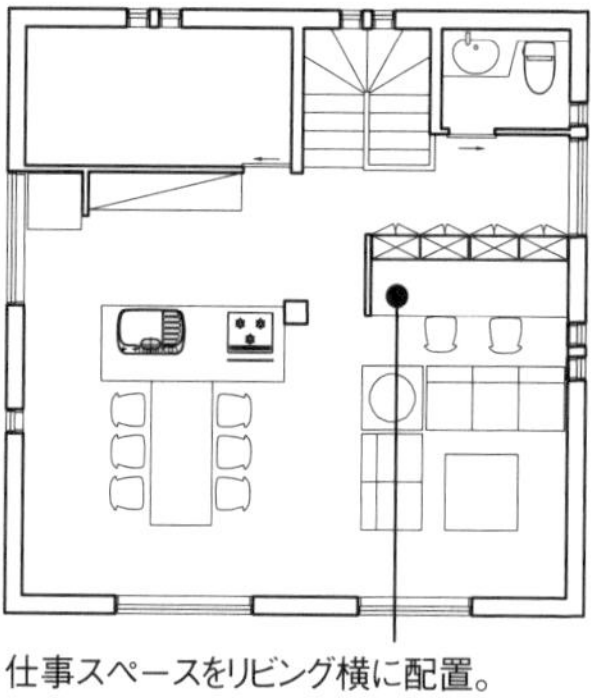

子ども2人用に部屋を2つに分ける

仕事スペースをリビング横に配置。
子どものスタディスペースとしても使える

高齢になっても快適に過ごせる間取り

60～70歳代：子どもが巣立った後の間取り

子どもが独立した後。子ども部屋を1つの部屋に戻し、夫婦で別々の部屋を設けている。または、趣味部屋として利用することも可能

1階

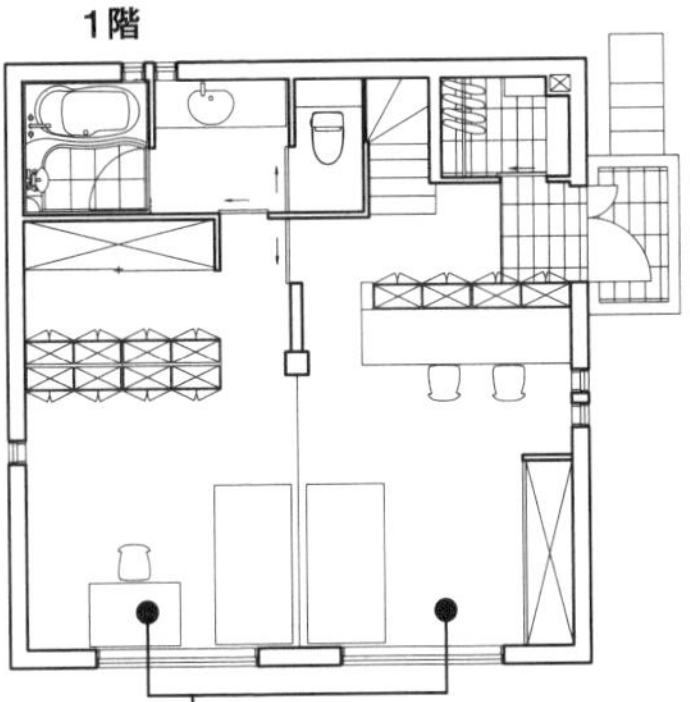

2階

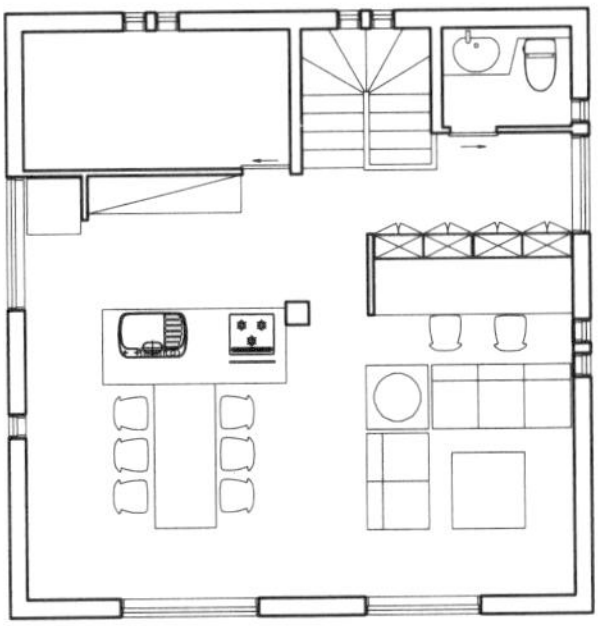

夫婦別寝室にすることも可能

80歳代～：子どもとの2世帯住宅にした間取り

2世帯住宅にも対応可能。たとえば、足腰が不自由になった時ときに、自分たちは1階、子ども世帯は2階で生活する。風呂、トイレなどの水まわりは、各階に設けている

1階

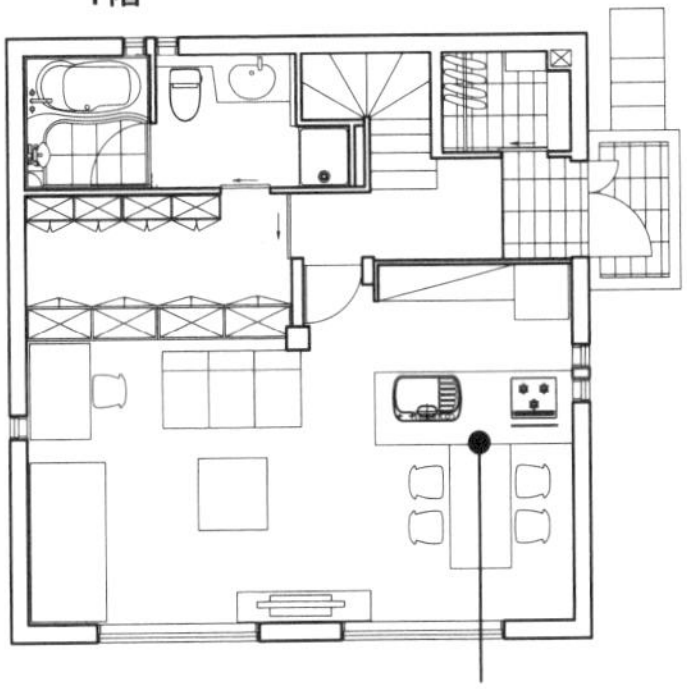

2階にも水まわりを設置

2階

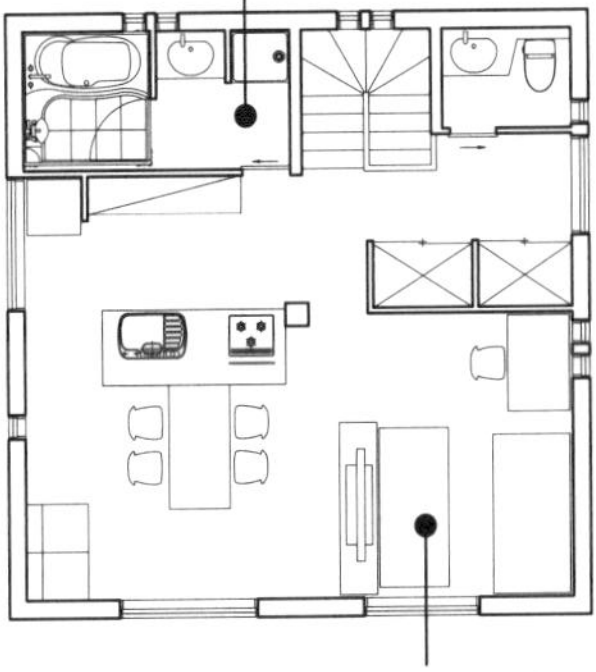

床下から配管工事可能なので、キッチンを新たに設ける

子世帯夫婦の寝室として使用

本当によい家ってなんだろう

〝よい家とはなんだろう？〟と私も常日頃から考えています。それは、子どもたちと、あるいは夫婦ふたりでの幸せな時間を〝普通〟に過ごせる場だと思います。そのためには、外から受ける外的要因である、雨風・台風・地震・暑さ寒さ・犯罪から、家族を守る役割が家には必要です。その先にデザイン・趣味の時間があります。

先日、スギ山で柱や壁、床材などの製材や乾燥を見学しました。そこでは、40℃の低温乾燥でスギを乾し、艶と香りが豊かな木材づくりにこだわっていました。一方、木造戸建て住宅に使われる多くの木材は、スピードを重視した高温乾燥です。高温なので、木の油が抜け、香りがなくなり、表面はきれいでも木繊維が切れてしまい、強度も落ちます。それでもなぜ高温乾燥の木材が市場で多く扱われるのかというと、安価で、反りや曲がりがなく、クレームが少ないからです。いわば、無農薬の野菜と、農薬を使った野菜のようです。

多く売れる産業化したものが一般的になりやすいのが現実です。原点に戻れば、栄養価の高い無農薬の野菜がよいのは間違いないのです。一度建築した住宅は、次の日から健康な無農薬野菜にするというように簡単には変更できません。

人生の1つひとつが選択です。原点は、「なぜ家を建てるのか？」です。間違いのない選択をするためには、知識（勉強）に頼るしかないのです。知識があれば、よい住宅会社が見つかり、よい家が建てられると信じています。

家づくりの検討事項を整理する

●家づくりにおける5段階欲求

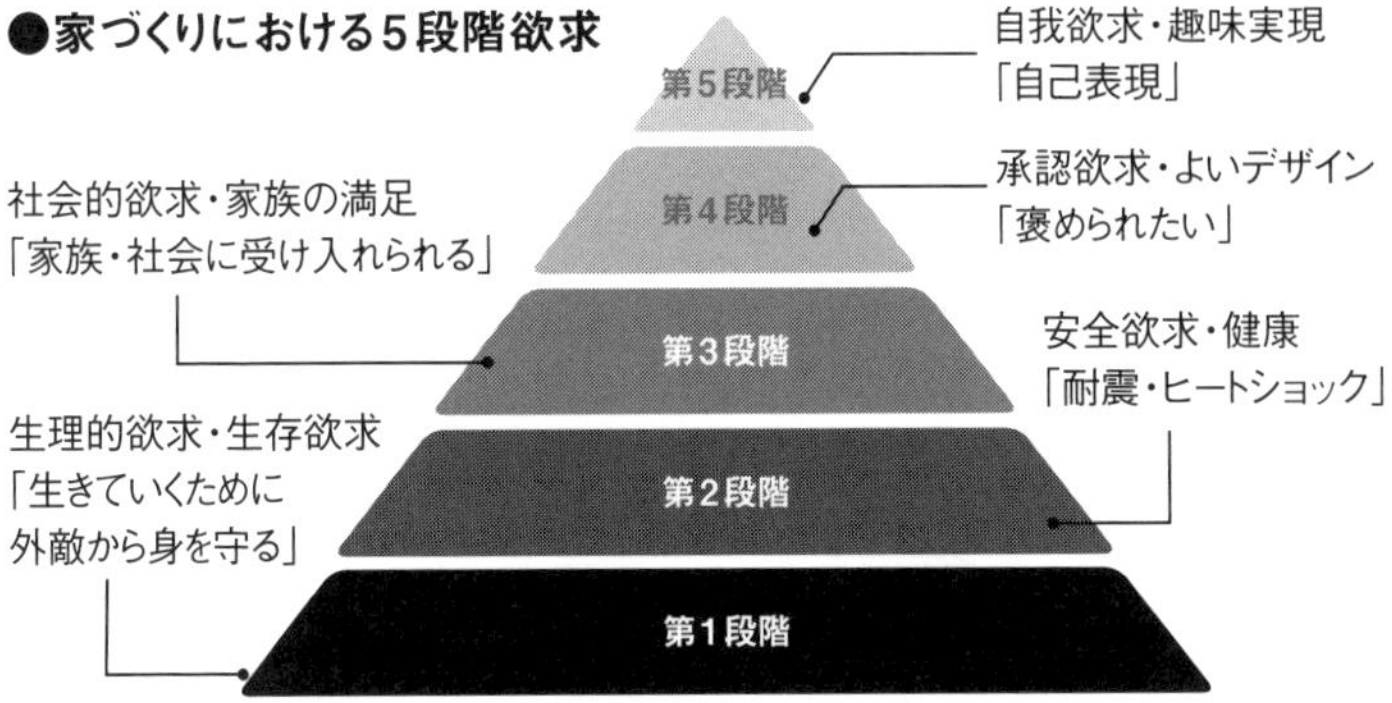
第5段階
自我欲求・趣味実現
「自己表現」
第4段階
承認欲求・よいデザイン
「褒められたい」
第3段階
社会的欲求・家族の満足
「家族・社会に受け入れられる」
第2段階
安全欲求・健康
「耐震・ヒートショック」
第1段階
生理的欲求・生存欲求
「生きていくために
外敵から身を守る」

●家づくりで配慮したいポイントまとめ

	判断基準
家の大きさ	家で過ごす時間は、夫婦ふたりでのほうが長いことを配慮する。家は大きくなるほどイニシャルコストとランニングコストがかかる
耐震	地震時に安心・安全であること。地震後、継続して住め、ほとんど直す必要がない家であること
気密	室内の上下の温度差をなくすために必要な数値を決める。計画的な換気や、水蒸気のコントロールができる
断熱	暑さ寒さを我慢する家ではなく、体を休める家であること。光熱費を気にせず暮らすために必要な数値を決める
設備	設備は壊れるので、10年～15年での取り替えを前提に選ぶこと。メンテナンスコストがかかる最新設備は要検討
メンテナンス	どんなものもメンテナンスは必要だが、劣化したときに取り替えられるものを選ぶ。または、経年劣化を楽しめる自然素材を選ぶ

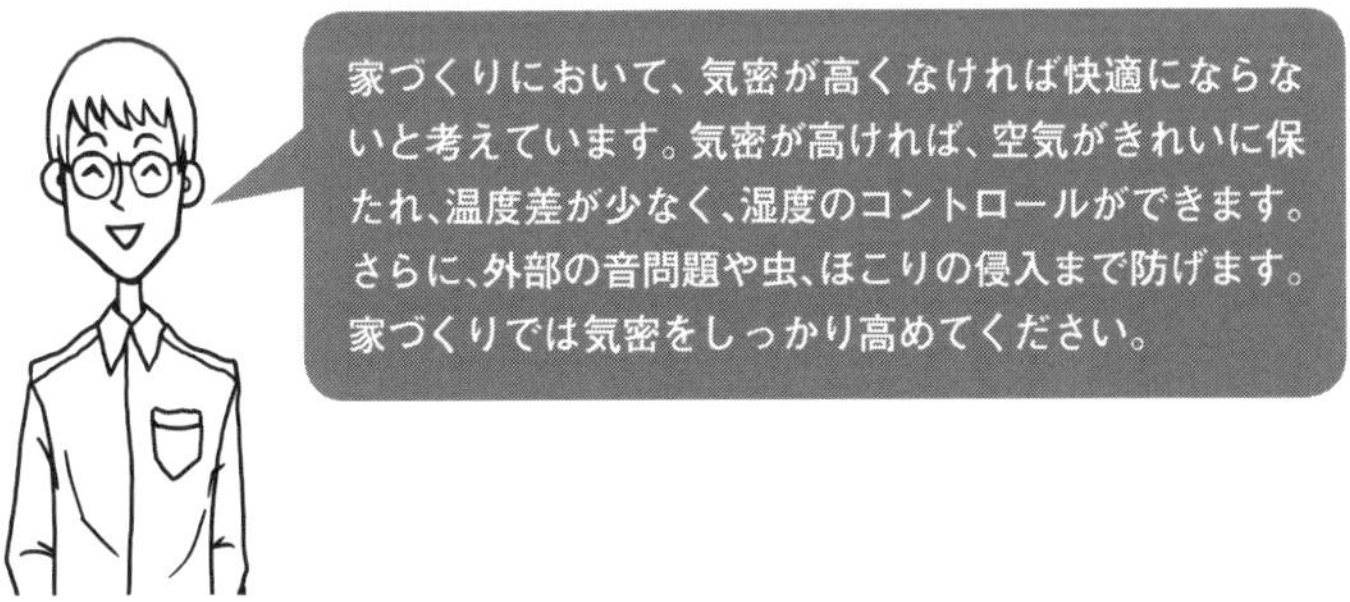
家づくりにおいて、気密が高くなければ快適にならないと考えています。気密が高ければ、空気がきれいに保たれ、温度差が少なく、湿度のコントロールができます。さらに、外部の音問題や虫、ほこりの侵入まで防げます。家づくりでは気密をしっかり高めてください。

おわりに

ちょうどこの本を制作している2020年4月、世界中が新型コロナウィルス感染症の渦に巻き込まれました。日本も「Stay Home」という言葉をスローガンに、学校は休校、仕事はテレワークと、必要に迫られて家で過ごす時間が増えていきました。

このコロナ禍によって見えてきたものがあります。社会情勢が不安定なときこそ、家での時間を充実したものにしていきたいと願う人たちの存在です。あるニュースによると、これまで忙しくしていた人たちが部屋に花を飾り、パンをつくり、ペットや家族団らんの時間を満喫できるようになったそうです。

このような丁寧な暮らしの豊かさは記憶からなくならずに、家に求めるもの、暮らしに求めるものとしてアフターコロナの日常の価値観に大きな変化をもたらすでしょう。

勉強して知識をもつことが家づくりのスタートです。家づくりを学校でたとえるならば、「国語・算数・理科・社会・英語」＝「お金・耐震・断熱・劣化・メンテナンス・保証・保険」です。勉強しないで家を建ててしまえば、家族の安心・安全や、日々の快適性、さらには財産（使えるお金）が損なわれるかもしれません。建築費は氷山の一角です。光熱費やローンの金利、メンテナンス費のほうが、支払う額は大きくなります。今後の情勢などを考えながらしっかり学び、家族と自分が幸せになる家づくりをしましょう！

一方で家にいる時間が増えると、高性能住宅でなければ冷暖房の光熱費は上がります。せっかくの「おうち時間」が経済的ダメージの根源になっていては快適な環境でくつろぐことができません。

この本に書いた高性能住宅がかなえば、構造がしっかりしているので地震から家族の命を守ることができます。いつでも快適な家、年をとっても健康的に過ごせる家になります。光熱費は抑えられ、経済的な負担が少なくなります。その分を家族の余暇に使うことができるでしょう。

人生のなかで幾度とない家づくりです。家族の豊かな暮らしを育む唯一の場所として、この本が悔いのない家づくりを考える一助になれば幸いです。

じっくり夫婦
どうしても間取りやデザインばかりに気を取られがちだけど、家は家族の命を守り、家族の健康、そして日々の豊かさを提供してくれるものなんだね。
ざっくり夫婦
担当者の人柄とデザインだけで住宅会社を決めるのではなくて、コストバランス（家、土地、ランニングコスト、メンテナンス）を考えて家づくりをすべきだね。

デザイン：山川図案室
イラスト：丹生憲希、鴨井猛、佐藤穂高
図版製作：長谷川智大、前里咲栄
印刷：シナノ書籍印刷

参考文献

『断熱 超実用テクニック読本
（建築知識〈超実用〉シリーズ3）』
（エクスナレッジ刊）
『建築技術別冊1
高断熱・高気密住宅の実践マニュアル』
（建築技術刊）
『頼んでから完成まで
家づくりの常識・非常識』
（小林高志 著・ニューハウス出版刊）
『「エネルギーダイエット住宅」のススメ』
（大宮健司 著・WAVE出版刊）
『100万人の空気調和』
（小原淳平 著・オーム社刊）

著者プロフィール

岡田八十彦 おかだ・やそひこ
株式会社 GA HOUSE

1971年生まれ。'95年千葉工業大学卒。大学時代からリフォーム会社で経験を積み、大学卒業後、大手デベロッパーにて現場監督に勤務。その後メンテナンス業務を経て転職。2000年より外断熱・高気密のフランチャイズ本部勤務。直営店を任され営業・設計・現場管理を経て、フランチャイズ本部にて技術職として商品開発、工務店指導を行う。'10年建材販売、設計代行、コンサルティングを行う会社に取締役として就任。住宅会社、建材メーカーのコンサルティングと木造構造について学び、'16年同子会社の代表として就任。'18年GA HOUSE設立。住宅会社へ高断熱・気密住宅のコンサルティングをしながら、設計（断熱・気密・構造）などのサポートを行う。'20年より設計監理業務も請け負う。

家づくりのセカンドオピニオン

2020年7月13日　初版第1刷発行

著者　岡田八十彦
発行者　澤井聖一

発行所　株式会社エクスナレッジ
〒106-0032　東京都港区六本木7-2-26
http://www.xknowledge.co.jp/

問合せ先　［編集］TEL：03-3403-1343 FAX：03-3403-1828
info@xknowledge.co.jp
［販売］TEL：03-3403-1321 FAX：03-3403-1829